努力も我慢も必要なし！
背中が動く体になれば勝手にやせる！

美体感
やせルーティン

美体感ダイエットコーチ
もりもと さちこ

KADOKAWA

Prologue

いくつになっても
アラフォーでも
体は変えられます。

私と一緒に楽しみながら
キレイを体感しましょう！

はじめまして。ピラティストレーナーのもりもとさちこです。自分自身のダイエット経験に基づいた、毎日楽しく続けられるエクササイズや食事法などを、YouTubeやInstagramなどで発信しています。

私がダイエットで大切にしているのは、とにかく無理をしないこと。ふだん運動習慣のない人が、いきなりハードなトレーニングを行ってもつらいだけ。長続きしない自分に落ち込んで、ますます苦しくなってしまいますよね。

この本では、1日2分、6日間で変化を体感できるよう、背中にアプローチするエクササイズを紹介しています。まずは1日1分でもできたら、自分をほめてあげてください。エクササイズだけでなく、自分をほめることも、毎日のルーティンにしてしまいましょう！

自分を変えられるのは、他の誰かではありません。あなただけが、自分自身の意識と体を変えられるのです。

じつは私も、
万年ダイエッターでした。

私の現在のサイズは、身長１５８・５cm、体重46kg。心身ともに快適で、ストレスなくキープできるベストな体型だと感じています。でも、ここにたどり着くまでは、10代の頃から太ったりやせたりを繰り返す万年ダイエッターでした。自分に合うやせ方が分からず、迷走する日々……。

トライ&エラーを繰り返して気づいたのは、楽しくなければキレイになれないということ。そんな私のダイエットヒストリーをご紹介します。

Sachiko's diet history

72kg

思春期

食欲も体重も増し増しなお年頃で、気づけばどんどん体重が増加！

20歳

このときの体重が、人生でＭＡＸ！　成人式で久しぶりに会う友人は、みんな細くてキレイ……。焦ってさまざまなダイエットに手を出し始めます！ランニング、お風呂で発汗、きのこやりんごだけダイエットなど、いろいろやったけれど、なかなかやせられず。

就職

食事をとる暇もないほど仕事が忙しく、少しずつ体重が減る。この間も常にダイエットの本は読みあさって試していたけれど、どれも長続きしませんでした。

とにかく体型が
コンプレックス

47kg

2010年 結婚

仕事もプライベートも、相変わらず忙しい日々。**気づけば体重も落ちていましたが、やる気も体力も出ない不健康な状態でした。**

ストレスで
体重が増減……

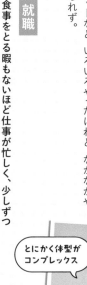

2011年11月 第一子出産

母乳育児で食事の内容にも気をつけていたところ、産後に激やせ！　でも、家事に加えて初めての育児にもてんやわんやでさらに不健康な体に。

43kg

おばさん体型で老けて見える！

65kg

2014年8月 第二子出産

妊娠中から体重が増え、産後もぜんぜん落ちない！　子ども2人の育児は、外出もままならずインドア生活になりがち。運動もできなくてストレスがたまる日々……。

2015年3月 バランスボール教室に参加

子連れでも通えて、有酸素運動になり、気分転換もできて楽しかった！　体重も少し減りました。

49kg

2016年 バランスボールのインストラクター養成講座に通う

人を指導するというプロ意識が芽生えて、真剣に取り組んでいたところ、体もスッキリ！　しかし、体が慣れてきて停滞期に。　つい食べすぎて、体重も徐々に増え……。

育児でたいへんな毎日でした

Sachiko's diet history

自分に自信が持てるように！

55kg

2017年 栄養学の講座に通う

体にいいものを食べなきゃ！ スイーツは我慢しなきゃ！ と、**食事制限をがんばりすぎてはストレスでドカ食い……と、リバウンドを繰り返していました。自分の体を変えたくて、栄養学講座を受講。**

2018年 メンタルトレーニング講座に通う

健康的にやせるためには、我慢しないことが大事と気づく！

2021年 ピラティスのレッスンに通う

以前から気になっていたピラティスで、背骨の1つ1つを動かし、背中の筋肉をしっかり使うポーズを初体験！ 体重が落ちるだけでなく、加齢による体型の変化にも、背骨、背中を意識することが効果的だと実感しました！

46kg

現在

毎日大好きなスイーツを食べているけれど、リバウンドなし！ **40代の今も自分史上ベストな体型をキープしています！**

CONTENTS

Chapter 1 基本の美体感エクササイズ

Chapter 2
お腹くびれエクササイズ

Chapter 3

二の腕・下半身エクササイズ

Chapter

4

不調撃退 エクササイズ

※ 妊娠している方、持病のある方、治療中の方は、事前に医師と相談してから行いましょう。

※ エクササイズ中に痛みや異変を感じたときは、すぐに中止してください。

※ エクササイズの効果には、個人差があります。

STAFF

ブックデザイン／木村由香利（986design）

撮影／後藤利江

スタイリング／古賀麻衣子

ヘアメイク／山崎由里子

DTP／山本秀一、山本深雪（G-clef）

校正／文字工房燦光

編集協力／田所佐月

編集担当／今野晃子（KADOKAWA）

衣装協力

チャコット・バランス　問 チャコット 0120-155-653（お客様相談室）

やせスイッチは
背中にあり!

美体感やせエクササイズで、背中にアプローチする理由《わけ》

理由

1

背中の筋肉を鍛えると基礎代謝がアップ!

背中には、脊柱起立筋群や広背筋など、大きな筋肉がついています。背中を動かせば動かすほど、脂肪を燃やす場所である筋肉の量が増えて、基礎代謝が上がるのです。

理由

2

褐色脂肪細胞を刺激して脂肪燃焼しやすい体に!

体に溜め込んだ脂肪を燃やす働きのある褐色脂肪細胞。全身にあるわけではなく、首や肩、肩甲骨周りなど、背中に集中しています。背中を動かすことで、この細胞が活性化!

背中の骨と主な筋肉

背骨は、首から腰まで計24個の椎骨《ついこつ》で構成され、
その周りに大きな筋肉がついています。

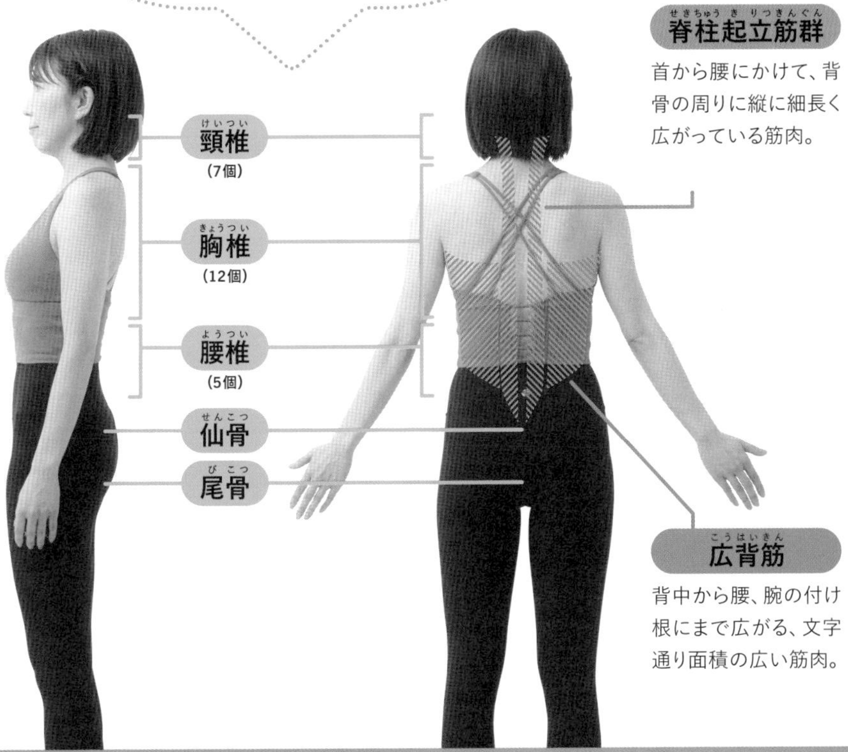

頸椎《けいつい》
（7個）
胸椎《きょうつい》
（12個）
腰椎《ようつい》
（5個）
仙骨《せんこつ》
尾骨《びこつ》
脊柱《せきちゅう》起《き》立《りつ》筋《きん》群《ぐん》
首から腰にかけて、背骨の周りに縦に細長く広がっている筋肉。
広背筋《こうはいきん》
背中から腰、腕の付け根にまで広がる、文字通り面積の広い筋肉。

理由

3

背骨が安定すると内臓の働きもよくなる!

体を支える大黒柱となる背骨。その周りにある脊柱起立筋群などのインナーマッスルを鍛えると、背骨も安定し、内臓の働きがよくなります。血流も促され、代謝のいい体に。

理由

4

姿勢がよくなり、骨格や筋肉のバランスも整う!

猫背や反り腰など背骨のゆがみが改善されるので、全身の骨格バランスが整います。骨を支える筋肉も正しい位置につくため、見た目のスタイルアップにもつながります。

エクササイズのポイントは骨盤の柔軟性

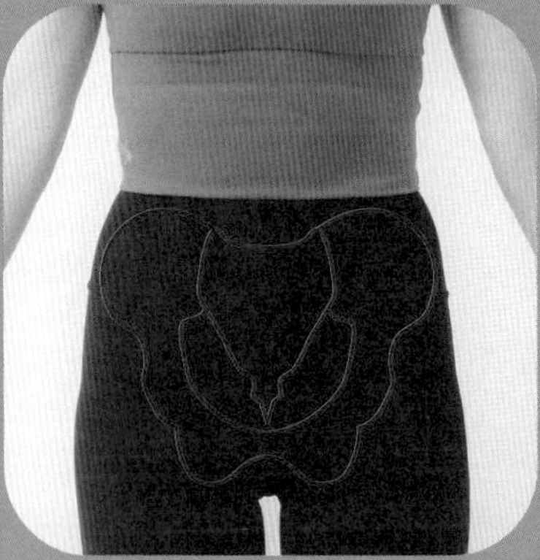

骨盤は背骨を支える土台

骨盤と背骨は連動しています。この本では、骨盤を前後に動かすエクササイズも多く紹介。骨盤の柔軟性を高めることで、正しい位置（ニュートラル）にキープできるようになります。立つ、座る、寝るの体勢で、それぞれ骨盤の前後傾、ニュートラルな状態を写真で紹介します。動きの参考にしてください。

立つ

前傾

骨盤が前に傾くと、お尻が出っ張って極端なS字を描く、反り腰の状態に。

ニュートラル

骨盤を立てて、前後左右均等に体重を乗せた状態。背中も自然なS字カーブに。

後傾

骨盤が後ろに倒れることで、背骨が丸まり、猫背の状態になります。

座る

前傾

お尻を突き出した反り腰の状態。お腹や肋骨が前に飛び出ています。

ニュートラル

骨盤が床と垂直に立っている状態。おへその下に力を入れて、背すじを正します。

後傾

背骨が丸まった、猫背の状態。背もたれに寄りかかるときのような体勢です。

お尻の下に手のひらを入れて
骨盤の位置をチェック！

あぐらをかいて座り、両手のひらをお尻の下に敷きます。このとき手のひらにお尻の骨が強く刺さるような感触がするときが、骨盤が立っている状態。前や後ろに傾けると骨も移動します。

寝る

前傾

仰向けになったとき、床と腰の間にこぶし2〜3個分が入るすき間がある。

ニュートラル

仰向けになったとき、床と腰の間に手のひら1枚分が入るすき間がある。

後傾

仰向けになったとき、床と腰の間にほとんどすき間がない。

この本で紹介するエクササイズ

Chapter 1

基本の美体感エクササイズ

背中を上手に動かせるようになる基本メニューからスタート！　動きはシンプルですが、しっかり鍛えられるので体の変化を感じやすく、エクササイズのモチベーションもアップ！

Chapter 2

お腹くびれエクササイズ

私のYouTubeを見てくださっている方で、一番多いお悩みが、「ぽっこりお腹」です。背中とお腹からアプローチするエクササイズで、無理なくしなやかなくびれをメイクしましょう。

紹介する4つのコースはそれぞれ6日間で行います。基本のエクササイズ、または自分が気になるパーツのエクササイズからトライしてみましょう

Chapter 3

二の腕・下半身エクササイズ

肌の露出が多くなる季節は、とくに気になるパーツです。1つの動きの中で、両方のパーツを効率よく鍛えるエクササイズが中心。引き締まった二の腕や足には、若見え効果も！

Chapter 4

不調撃退エクササイズ

“なんとなく不調”なままでは、エクササイズにも楽しく取り組めません。骨盤の歪み矯正に役立つメニューも取り入れているので、快適に動ける体を取り戻しましょう！

美体感やせエクササイズの行い方

Q　ルーティンだから、毎日必ず続けるべき？

A　時間や体調に余裕がある日や気分が乗っているときだけでもOK！

一番の目的は、キレイに変わっていく自分を体感すること。エクササイズは、義務ではなく楽しむ手段にしましょう！

Q　6日間決められたエクササイズメニューをきっちり行うべき？

A　メニューを参考に、好きなエクササイズだけでもだいじょうぶ。

好きなメニューがあれば、毎日行ってOK！　昨日は1つだけ、今日は3つやってみた。そんな自由さが、続くコツです。

Q　体が硬くて、指示通りにできません。

A　できる範囲の動きでも、効果は期待できますよ。

苦手なメニューは、飛ばしてもOK。体が気持ちいいと感じる動きを繰り返すことで、効果は現れますよ。

少しずつ動ける
ようになりますよ！

Chapter 1

誰でもできる!
だからルーティン化できる!

基本の美体感エクササイズ

ふだん運動習慣のない人でも取り組みやすく、
背中にしっかりアプローチできるメニューで
構成しています。背骨を1つずつ動かして
筋肉を使う練習にぴったり!

基本の美体感エクササイズ

Day 1

1

猫のポーズで背骨を順に動かして

キャットストレッチ

1 四つんばいになって、
腕は肩幅、
足も腰幅に開く。

2

尾骨から頸椎まで
順番に背骨を動かすイメージで、
息を吐きながら背中を丸めていく。

鎖骨が見える程度に
頭は軽く下げる

Point

腰は反らさない!
胸だけを前に押し上げる

2 3
を
60秒間
繰り返す

3

息を吸いながら、ゆっくり顔を上げる。
首から胸椎にかけて
順に背骨を動かすイメージで。

基本の美体感エクササイズ

Day 1

2

あまり使わない背中上部の筋肉を刺激！

うつ伏せ胸椎ストレッチ

1

うつ伏せになり、
ひじを曲げて耳の横あたりに両手を置く。

足は閉じて
まっすぐ伸ばす

Point

みぞおちは床につけたまま鎖骨を前に向ける

1 2 を 60秒間 繰り返す

2

息を吸いながら、胸椎を下から上に
1つずつ動かすように、頭を起こしていく。
腰が反らないように、次に息を吐きながら、
ゆっくり頭を下げる。

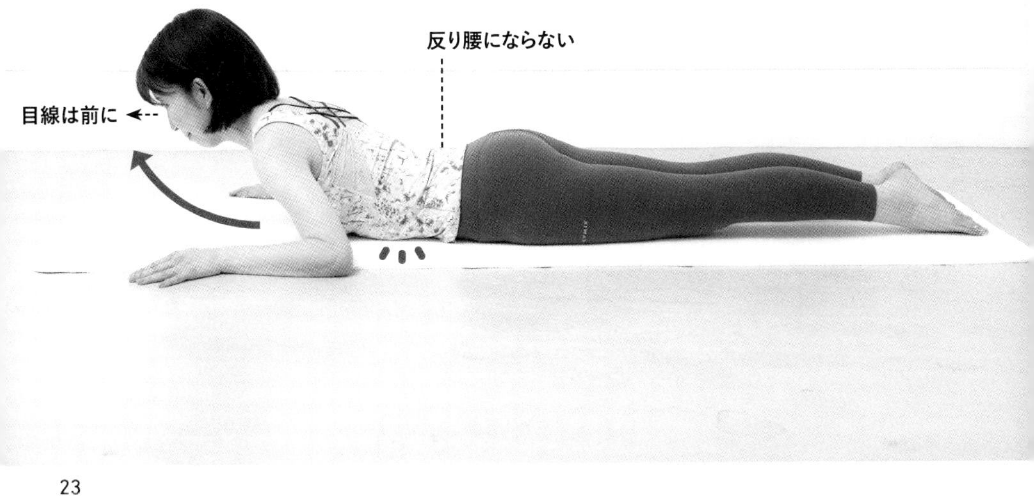
反り腰にならない
目線は前に

基本の美体感エクササイズ

Day 2

①

お尻から背骨を動かし体幹を鍛える

ヒップリフト

1

仰向けになり、
ひざを立たせて足はこぶし幅に開く。

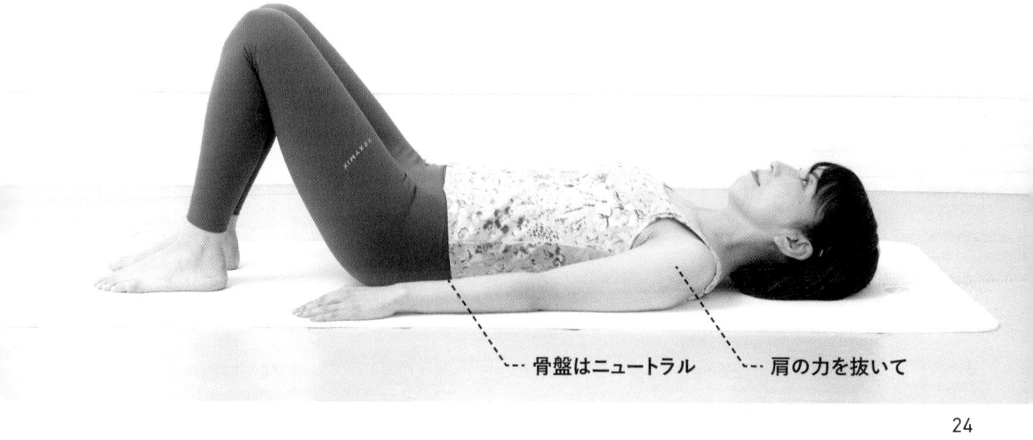
骨盤はニュートラル
肩の力を抜いて

Point

背骨を1つ1つ
床から剥がしていくように
ゆっくりお尻を上げる

1 2
を
60 秒間
繰り返す

2

息を吐きながら、骨盤を後傾させて、
尾骨からゆっくりお尻を上げていく。
腰を反ると痛めるので注意して。
上がりきったところで一度息を吸い、
ゆっくり吐きながら、
今度は胸椎から順に床に下ろしていく。

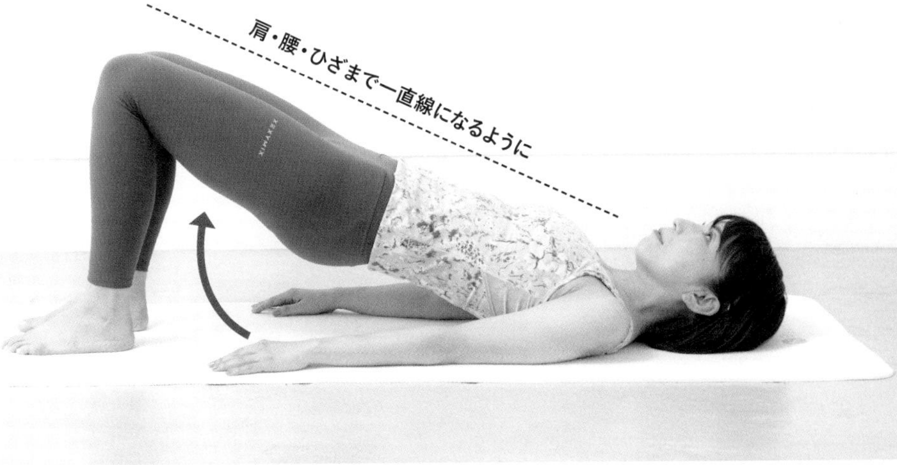
肩・腰・ひざまで一直線になるように

基本の美体感エクササイズ

Day 2

②

腹筋も使うので、ウエストシェイプ効果あり！

ハーフ
ロールアップ

1

ひざを立てて三角座りになる。
手はひざの裏に添える。

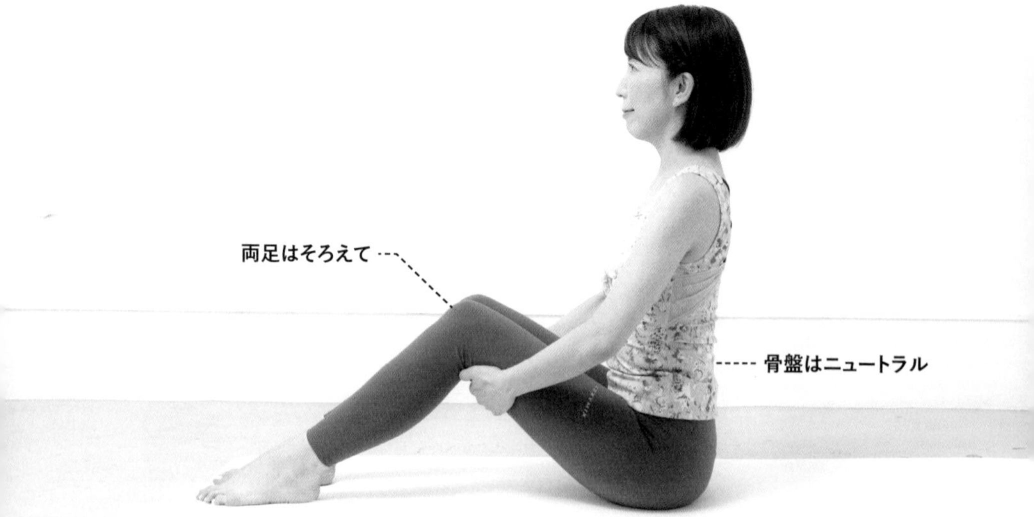
両足はそろえて
骨盤はニュートラル

Point

上体を起こすときは反動をつけず頭からゆっくり上げていく

1 2 を 60秒間 繰り返す

2

息を吐きながら、骨盤を徐々に後傾させて、腰椎まで床につけていく。
手はもも裏をスライドさせていく。
一度息を吸い、吐きながら、ゆっくりと上体を起こしていく。

頭や肩が床に
つかないように

基本の美体感エクササイズ

Day 3

1

お腹を使って肩甲骨を刺激

チェストリフト

1

仰向けになり、
ひざを立たせて足はこぶし幅に開く。

骨盤はニュートラル
両手は
頭の後ろで組む

Point

みぞおちから胸を立たせるイメージで、首~肩甲骨を床から順に剥がしていく

1 2 を
60秒間
繰り返す

2

息を吐きながら、首の後ろの頸椎から
順番に丸めるように床から上げていき、
肩甲骨の一番下辺りまで上げる。
息を吸い、また吐きながら、
肩甲骨の下からゆっくり床につけていく。

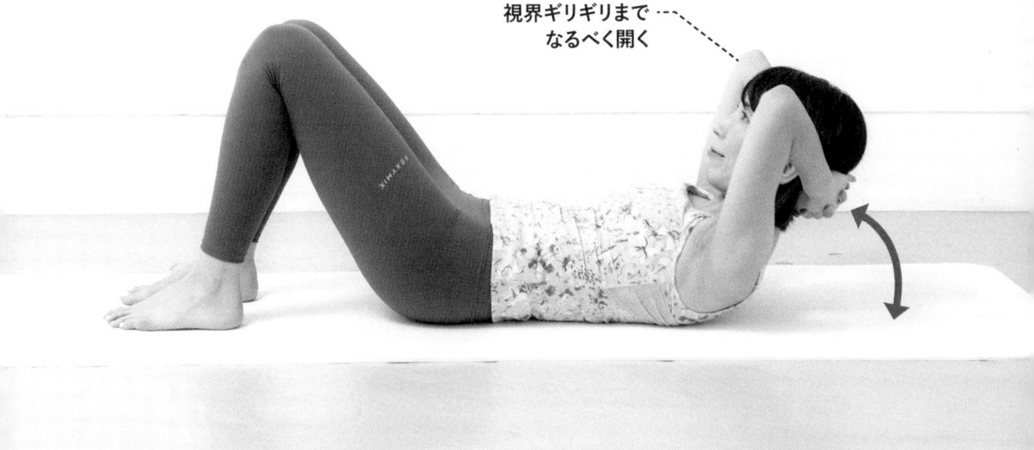
ひじは閉じず
視界ギリギリまで
なるべく開く

基本の美体感エクササイズ

Day3 ②

ねじりのポーズで背中をほぐす

シッティング背骨ツイスト

1

マット幅に足を広げて座る。
ひざは軽く立たせて、手は頭の後ろで組む。

骨盤を立たせた
ニュートラルな状態で

Point

体をひねるときは、胸椎を動かす!
骨盤は前に向けたまま
動かさない!

2

息を吐きながら、みぞおちのラインから
上体をゆっくり左側にひねる。
息を吸って、1の体勢に戻る。
同様にみぞおちから右側にひねり、1に戻る。

1 2
を左右に
60秒間
繰り返す

勢いをつけて
ひねらないこと

基本の美体感エクササイズ

Day 4

1

わき腹から背中までをトレーニング

サイドリフト

1

横向きに寝て、下側の腕を伸ばす。
骨盤は倒れないように正面を向け、
足はそろえてまっすぐに伸ばし、
床からほんの少しだけ上げる。

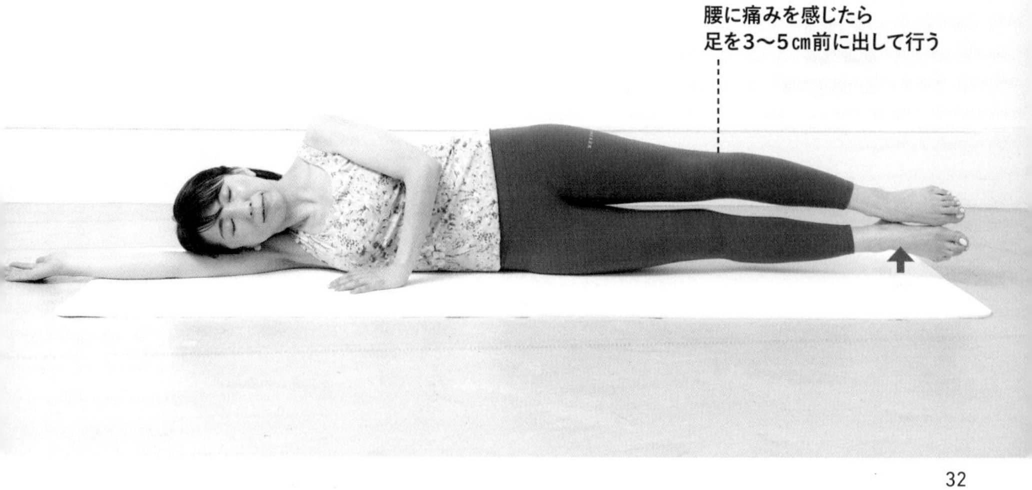
腰に痛みを感じたら
足を3～5㎝前に出して行う

Point

足先だけを上げない!
ウエストを床にぴったりつけて
尾骨から動かす

1 2
を
60 秒間
繰り返す

2

息を吐きながら、両足をそろえたまま
1 からさらに3～5㎝ほど上げる。
息を吸って、吐きながら
ゆっくり足を下ろして、1 の体勢に戻る。

足を下げるとき
床につけないで

基本の美体感エクササイズ

Day 4

2

腹部のインナーマッスルを強化し、背筋もストレッチ

ひざ曲げ
背骨ツイスト

1

仰向けになり、
足を閉じてひざを立たせる。
両手は真横に開く。

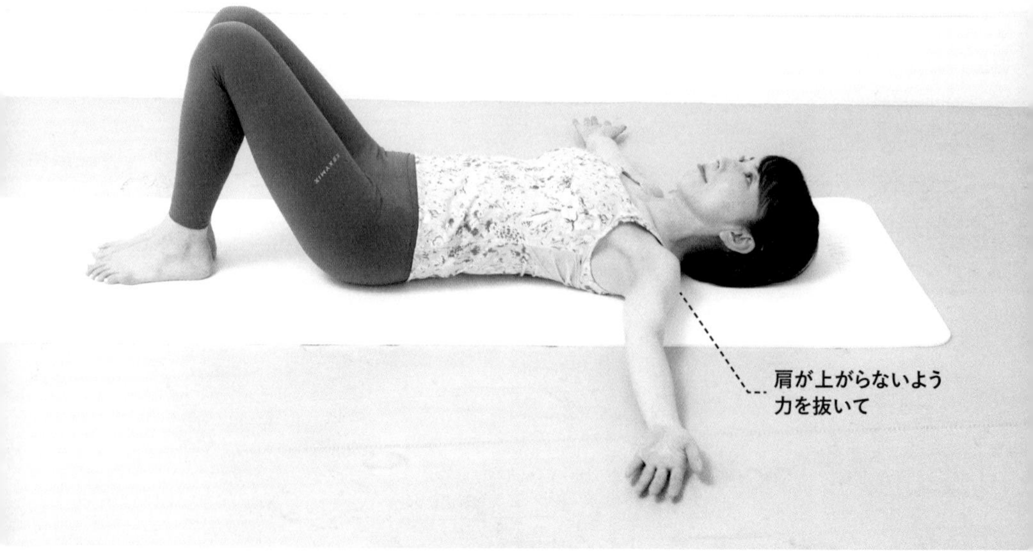
肩が上がらないよう
力を抜いて

Point

肩は床から浮かせない
みぞおちの下から
左右にひねる

1 2
を
60 秒間
繰り返す

2

足を閉じたまま、
息を吸いながらゆっくり真横に倒す。
息を吐きながら、胸椎から
回旋するようにして 1 の体勢に戻る。
同様に反対側へも倒す。

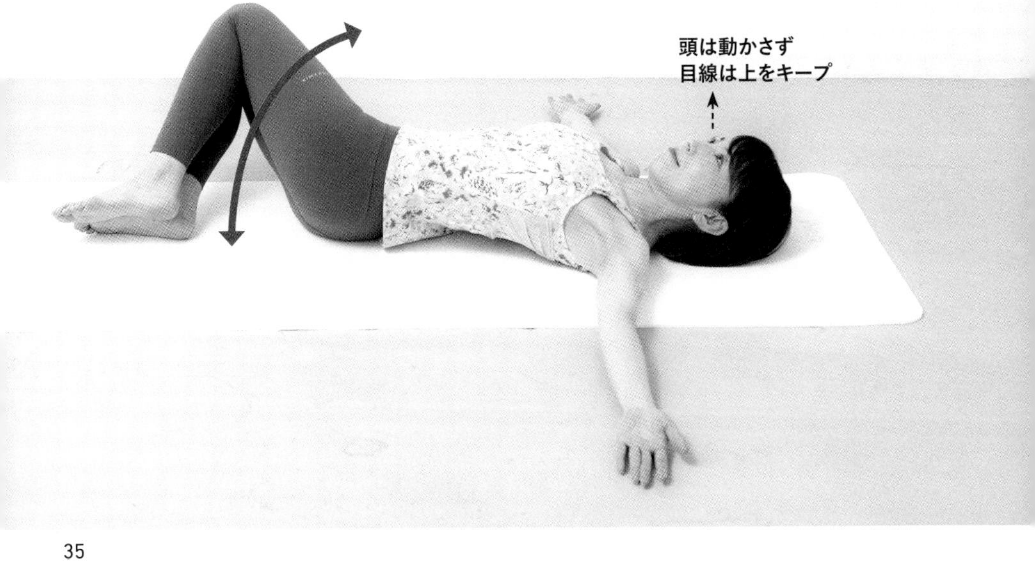
頭は動かさず
目線は上をキープ

基本の美体感エクササイズ

Day 5

1

腕と足の同時上げで全身運動に

スロースイミング

1

うつ伏せになり、
腕と足はマット幅くらいに
開いて伸ばす。

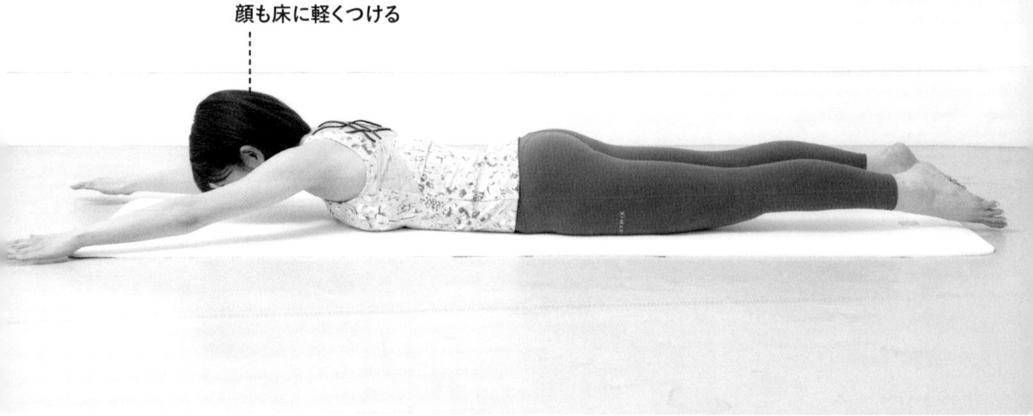

Point

対角線上の腕と足で、引っ張り合うように交互に上げ下げする

60秒間
交互に
上げ下げ

2

顔を床から少し離し、
右腕と左足を同時に上げて下げる。
次に左腕と右足を同時に上げて下げる。
これを交互にゆっくり行う。
腰を反らさず、呼吸は自然なリズムで行って。

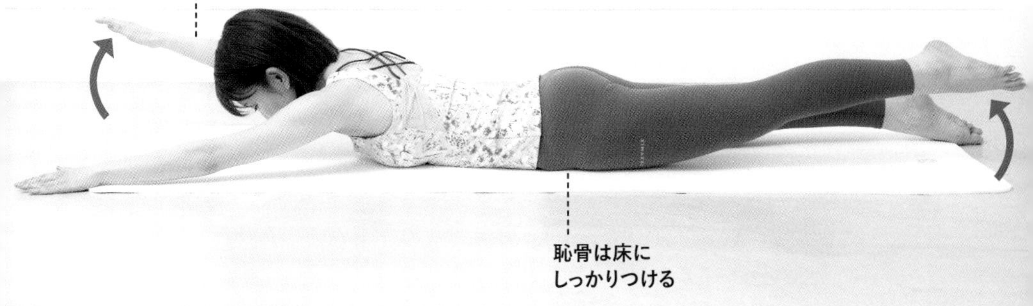
腕は耳の横まで
上がればOK
恥骨は床に
しっかりつける

基本の美体感エクササイズ

Day 5

②

背骨を1つずつ動かし、背筋を刺激する

背骨ストレッチ

1

マット幅に足を広げて座る。
ひざは軽く曲げ、
腕も肩幅に開いて前に伸ばす。

背すじを伸ばし
骨盤を立たせる

Point

後ろに壁があるイメージで上体をゆっくり倒して戻す

2

大きく息を吸い、吐きながら頸椎から尾骨まで
順番に倒すように、前屈する。
再び大きく息を吸い、吐きながら、尾骨から順番に
背骨を積み上げていくように、1の体勢に戻る。
実際に壁にもたれて行ってもいい。

1 2
を
60秒間
繰り返す

手がつま先に
つくところまで倒す

ふくらはぎ、太もものストレッチになる

つま先キャッチストレッチ

1

足をマット幅くらいに開いて座る。
つま先か足首を、手でつかみ、
息を吐きながら背中を丸める。

軽くひざを
曲げてもOK
骨盤は後傾

Point

丸めるときは尾骨から
伸ばすときは頭頂から
順に動かしていく

1 2 を 60 秒間 繰り返す

2

息を吸いながら、
背骨をまっすぐ伸ばしていく。

目線は前に
骨盤はやや前傾

全身の筋肉を伸ばす万能ポーズ

タワーストレッチ

1

右足を大きく1歩前に
踏み出してひざは曲げ、
左足は後ろにできるだけ伸ばす。
両腕を上げて、
頭の上で手のひらを合わせる。

背すじはまっすぐ
グッと上に伸ばす

Point

ひざとつま先は必ず同じ方向に向けて行うとひざを痛めない!

2

息を吸いながら、
右側に体勢がくずれない範囲で、
上体を倒して止める。
息を吐きながら1の体勢に戻し、
同様に左足を前に出して、
息を吐きながら上体を左側に倒す。

左右に各
60 秒間
繰り返す

Beauty routine 1

アラフォーは「太る」より「たるむ」！ ラインで印象を変えよう

年齢を重ねると、体についた脂肪はたるみに変わります。顔はもちろん、背中やお尻のたるみは、年齢以上に老けた印象を与えがちですよね……。

そこで私が毎日意識しているのは、できるだけ大股で歩くことです。股関節周りやお尻、太もも、ふくらはぎの筋肉をしっかり使うので、むくみにくくなりますし、脂肪燃焼効果も！

また、エクササイズの前後は、フォームローラーというフィットネスグッズや手を使って、胸やお腹、足などをマッサージしています。筋肉のコリがほぐれて血流がよくなり、たるみ予防にもなりますよ。

最近は、頭皮マッサージも欠かせません！ シャンプーするときには、シリコン製のスカルプケアブラシで地肌をマッサージ。気持ちがいいし、頭皮の血流がアップするので、美髪効果やフェイスリフトアップ効果も期待できます。

無理せず続ければ、10年後の体や顔のラインが、きっと変わってくるはず！

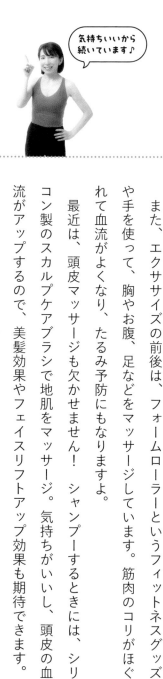

Chapter

2

ひねって＆伸ばして
体幹から美シェイプ！

お腹くびれ
エクササイズ

日常の動作では行うことが少ない、
ひねりを加えた動きや、
腹筋を使って手足を伸ばす動きを取り入れています。
背中とお腹の両方を刺激して、体幹を鍛えましょう！

お腹くびれエクササイズ

Day 1

①

お腹から倒して胸椎の可動域を広げる

お腹ワイパー

1

仰向けになり、腕は体の横に置く。両脚をそろえてまっすぐ上に伸ばす。

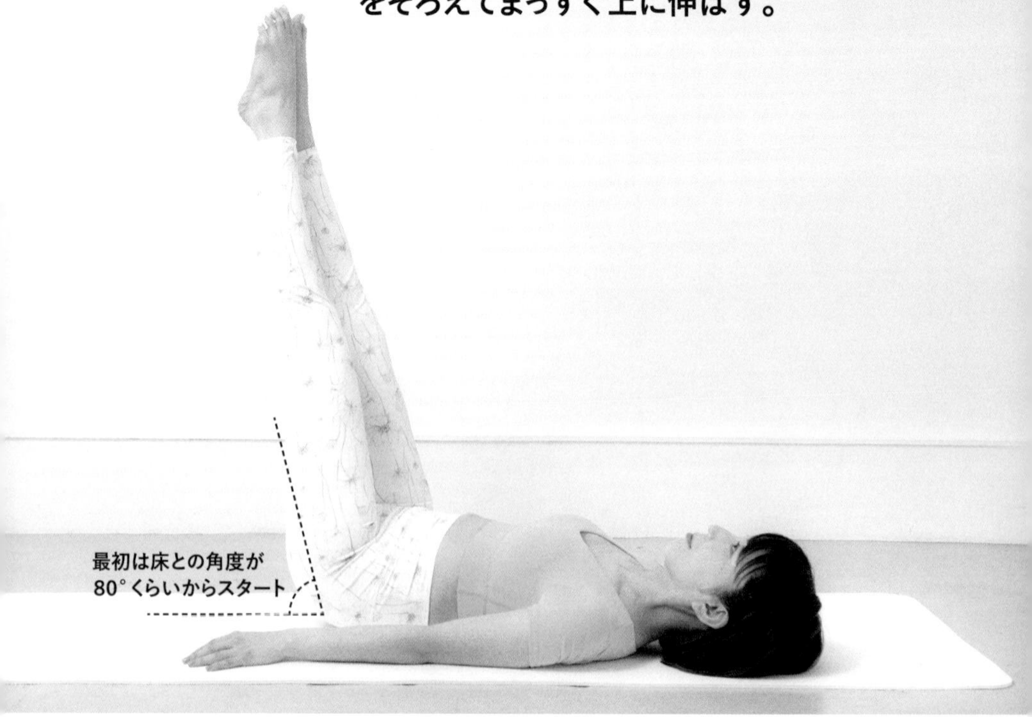
最初は床との角度が
80°くらいからスタート

Point

足を上げる角度が低くなるほど筋肉への負荷がアップ!

2

息を吸いながら、足を右側に動かし、
下側に半円を描くように
下ろしてから、息を吐きながら1の体勢に戻る。
みぞおちの下から倒すように意識して。
反対方向にも同様に行って。
半円を描くのが難しければ、
左右に倒すだけでもOK。

左右交互に
60秒間
繰り返す

足を倒すときは
肩が浮かないように!

お腹から背中、二の腕までストレッチ

ひざ曲げ サイドベンド

1

横になり両ひざはそろえて
約90度に曲げる。
下側の腕は
肩の下あたりでひじをつく。
上側の腕は
軽く体に沿わせる。

2

ひざとひじは床につけたまま、
息を吸いながら
骨盤と腕を天井側に上げる。

Point

腕を倒すときも骨盤は前に向けたまま傾けないように!

左右それぞれ **30** 秒間行う

3

息を吐きながら骨盤をより天井側に上げて、
腕は頭側に倒す。
左右に向きを変えて同様に行う。

お腹くびれエクササイズ

Day 2 ①

肩甲骨を安定させポジションをキープ

プランク足曲げ

1

腕は肩幅に開いて、肩の真下に下ろす。
足は腰幅に開いて、ひざを90°に曲げる。

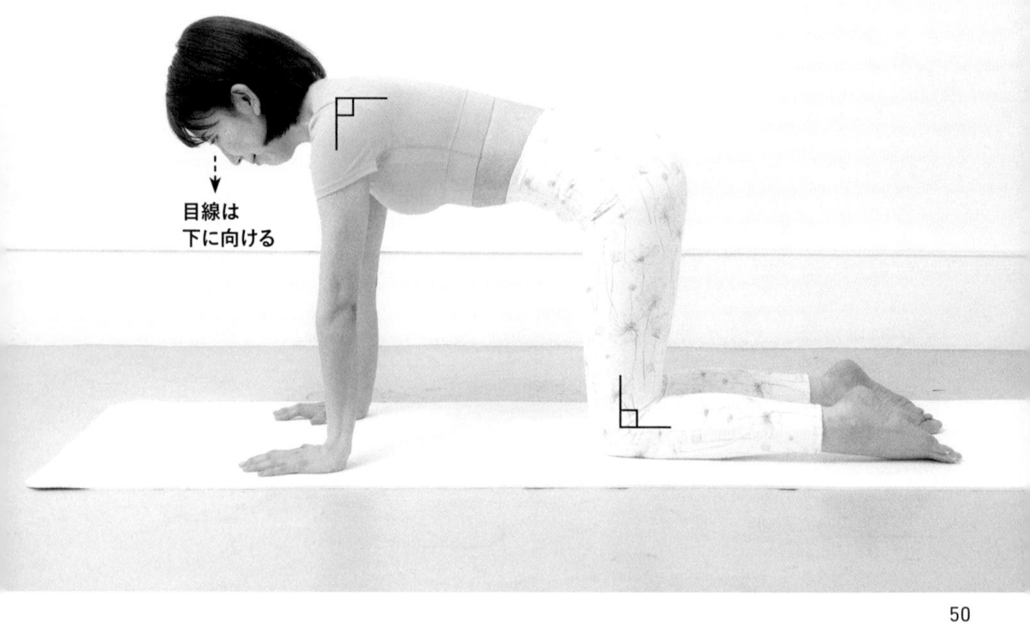

Point

足を動かすときは
骨盤と肩がグラグラしないように
体を安定させて

左右交互に **60** 秒間 行う

2

両足を後ろに伸ばして、プランクポジションに。
息を吐きながら左ひざを曲げ、ひざがマットにつかないギリギリの位置まで骨盤を落とす。
息を吸いながら、プランクポジションに戻る。
反対側の足も同様に、交互に行う。

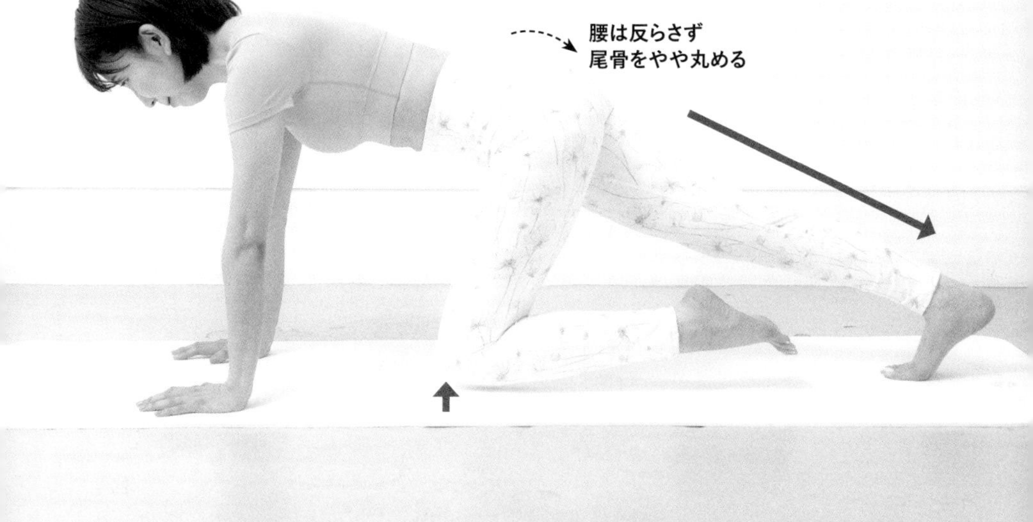
腰は反らさず
尾骨をやや丸める

お腹くびれエクササイズ

Day 2

②

腹筋、背筋、下半身の筋肉まで刺激!

バンザイ腹筋

1

仰向けに寝て、足をそろえて上げ、
ひざと股関節を90°に曲げる。
腕は肩幅に開いて、床と垂直に上げる。

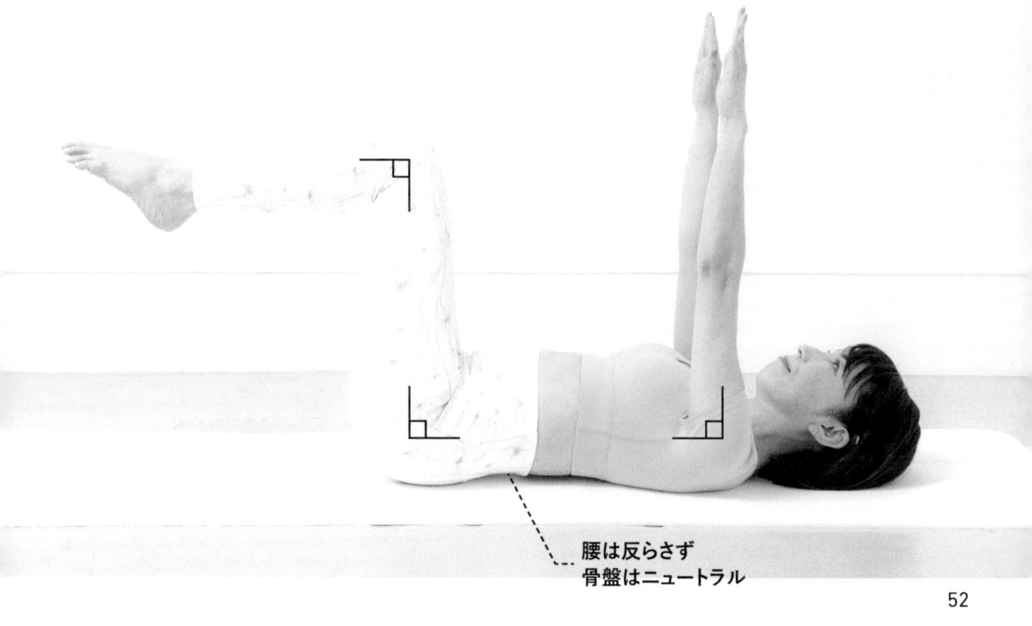
腰は反らさず
骨盤はニュートラル

Point

頭と胸を上げるときは
腕で反動をつけない!
腕に頭がついていくイメージで

2

**息を吐きながら、先に腕を前に下げていき、
それに続いて頸椎から丸めるように頭と胸を上げる。
腕を床と平行な位置まで下げたら、息を吸いながら
ゆっくり手を上げて頭と胸を下ろし、1の体勢に戻る。**

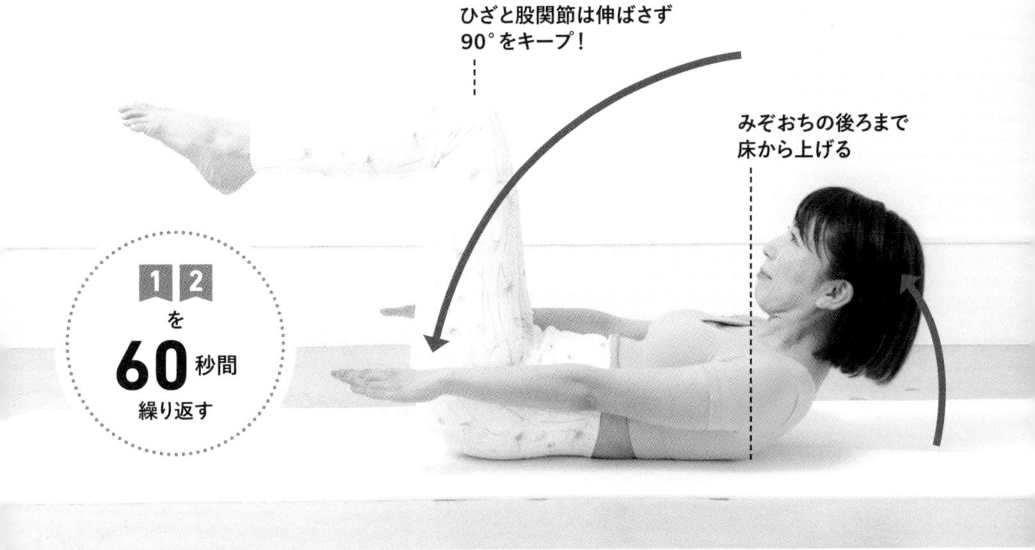
ひざと股関節は伸ばさず
90°をキープ!
みぞおちの後ろまで
床から上げる
1 2
を
60 秒間
繰り返す

足を上げたままひねるから、負荷もアップ！

足上げ
背骨ツイスト

1

仰向けになり、足をそろえて上げ、
ひざと股関節を90°に曲げる。
両手は真横に開く。

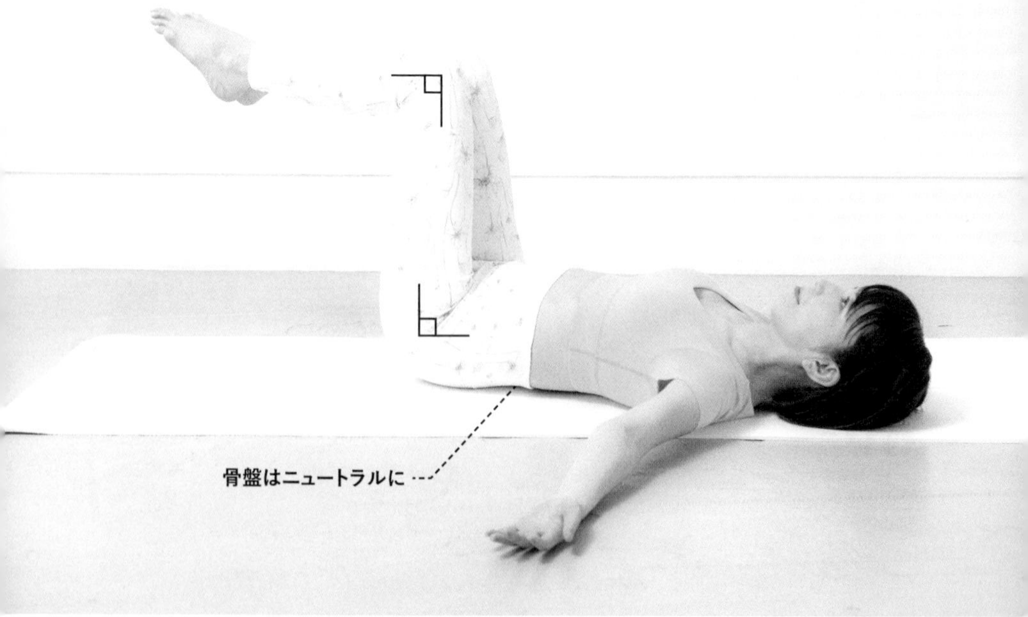

Point

肩は床から浮かせない
みぞおちの下から
左右にひねる

1 2 を
60 秒間
繰り返す

2

息を吸いながら、骨盤から足をゆっくり真横に倒す。息を吐きながら、背骨を回旋するようにして 1 の体勢に戻る。同様に反対側へも倒す。

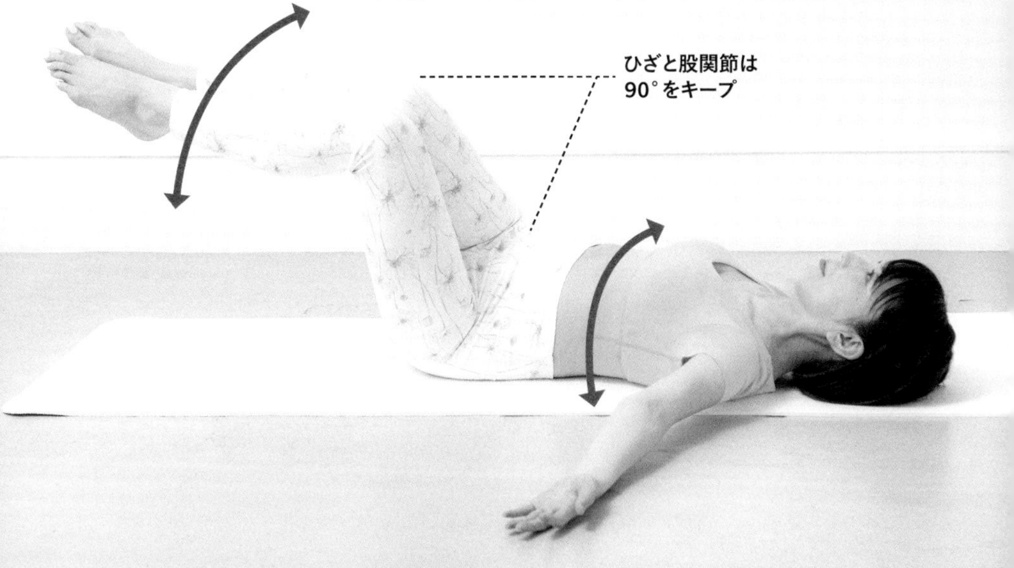
ひざと股関節は
90°をキープ

お腹くびれエクササイズ

Day 3 ②

対角線上に手足を伸ばして

デッドバグ

1

仰向けになり、足をそろえて上げ、ひざと股関節を90°に曲げる。
腕は肩幅に開いて、床と垂直に上げる。

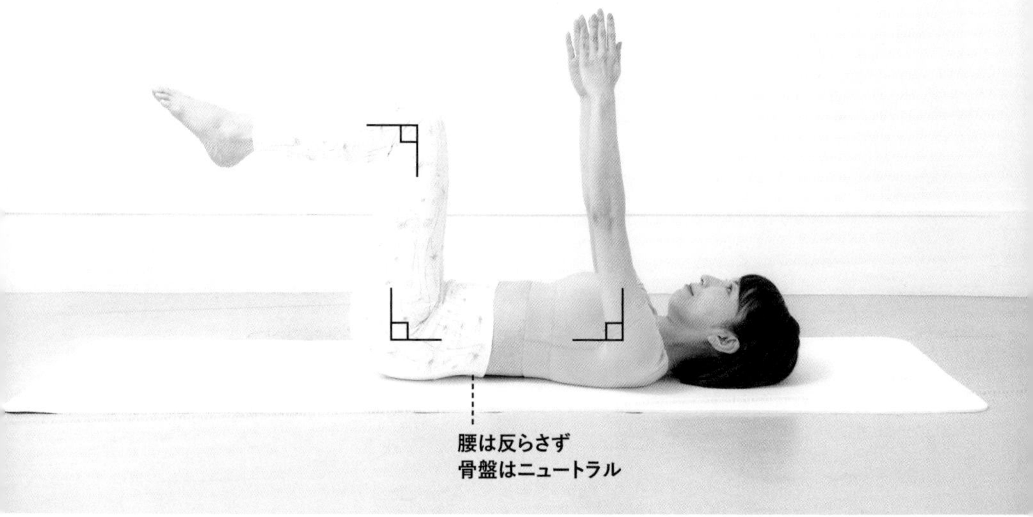
腰は反らさず
骨盤はニュートラル

Point

足を下げれば下げるほど
お腹に負荷がかかるので、
下げる角度を加減して

左右交互に
60秒間
繰り返す

2

息を吐きながら、対角線上にある
左足と右腕を同時に下ろす。
息を吸って、吐きながら1の体勢に戻る。
続いて反対側の足と腕も同時に下ろす。
左右を交互に行う。

下ろした足は
床につかない位置でキープ
足を下げたときも
腰は反らさない

お腹くびれエクササイズ

Day 4 ①

両足を一気に伸ばすので、腹筋効果がアップ!

両足曲げ伸ばし

1

仰向けに横たわり、足をそろえて上げ、
ひざと股関節を90°に曲げる。
腕は体の横に下ろす。

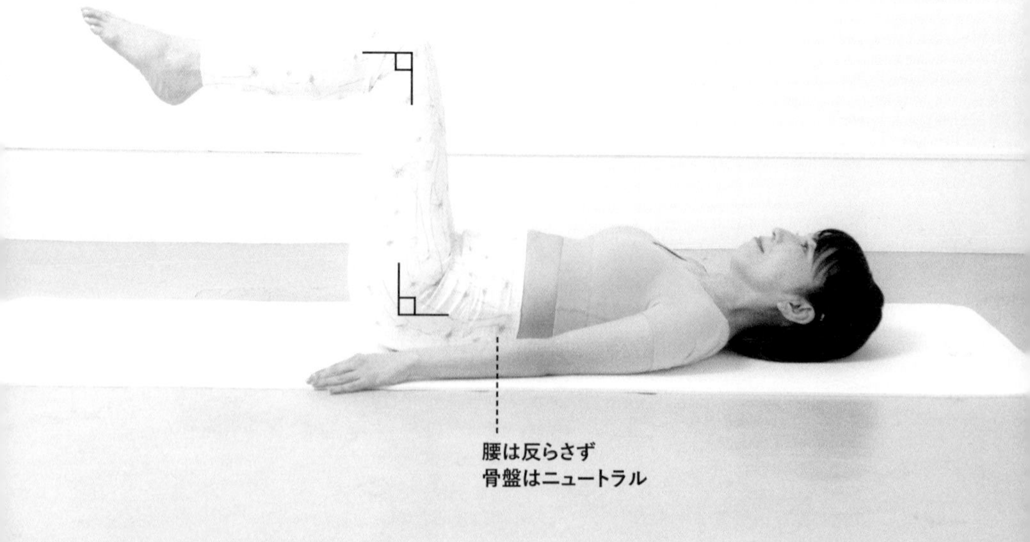
腰は反らさず
骨盤はニュートラル

Point

伸ばす足の位置が低いほど お腹に負荷がかかるので、 最初は真上に伸ばしてもOK！

2

息を吸いながら
両足を伸ばす。
息を吐きながら**1**の体勢に戻る。

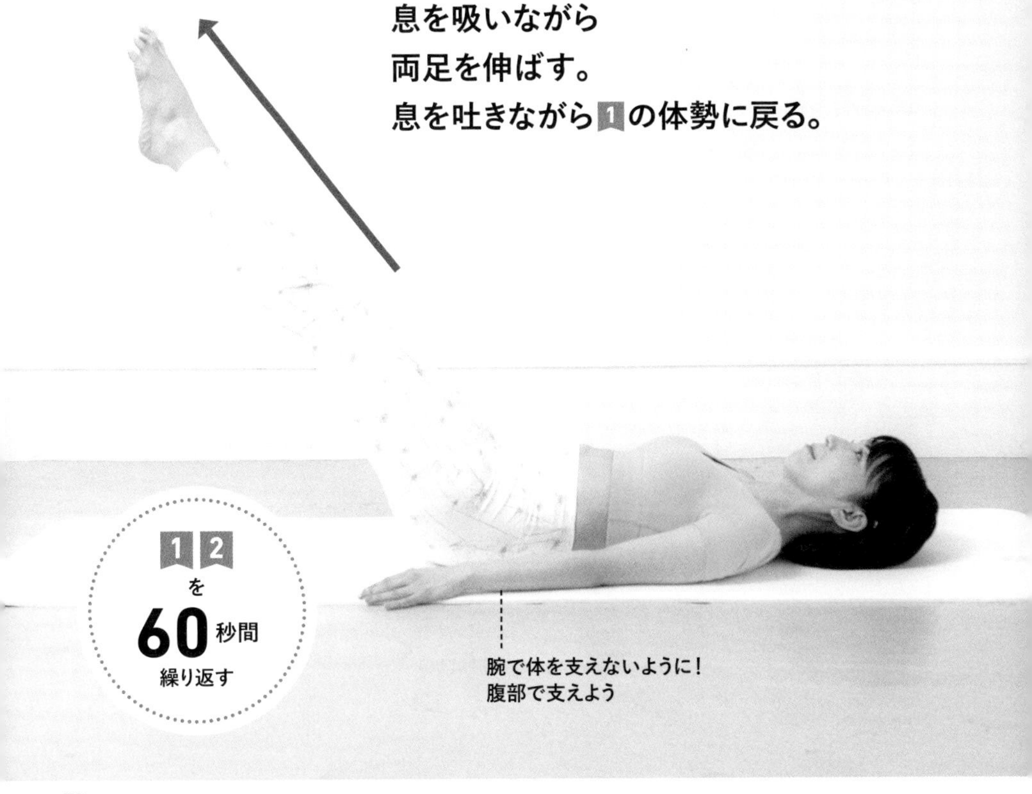

1 **2**
を
60秒間
繰り返す

腕で体を支えないように！
腹部で支えよう

背中の筋肉を使って一直線をキープ

四つんばい
デッドバグ

1

腕は肩幅に開いて、肩の真下に下ろす。
足は腰幅に開いて、ひざを90°に曲げる。

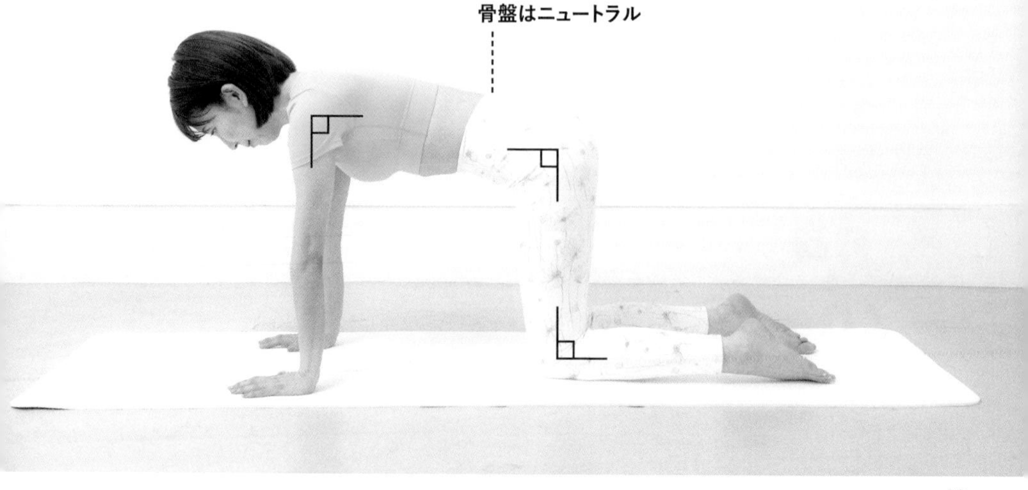

Point

骨盤と肩の位置を動かさず
手からつま先まで
なるべく一直線になるように

2

息を吐きながら、対角線上にある左腕と右足を、床と平行な位置まで同時に上げる。息を吸いながら1の体勢に戻る。続いて反対側の足と腕も同時に上げて、左右を交互に行う。

左右交互に
60秒間
繰り返す

腰を反らさない
目線は
下に向ける

お腹くびれエクササイズ

Day 5 ①

腹筋を使って、足を持ち上げる!

四つんばい ひざ上げ

1

腕は肩幅に開いて、肩の真下に下ろす。
足は腰幅に開き、つま先を立てる。

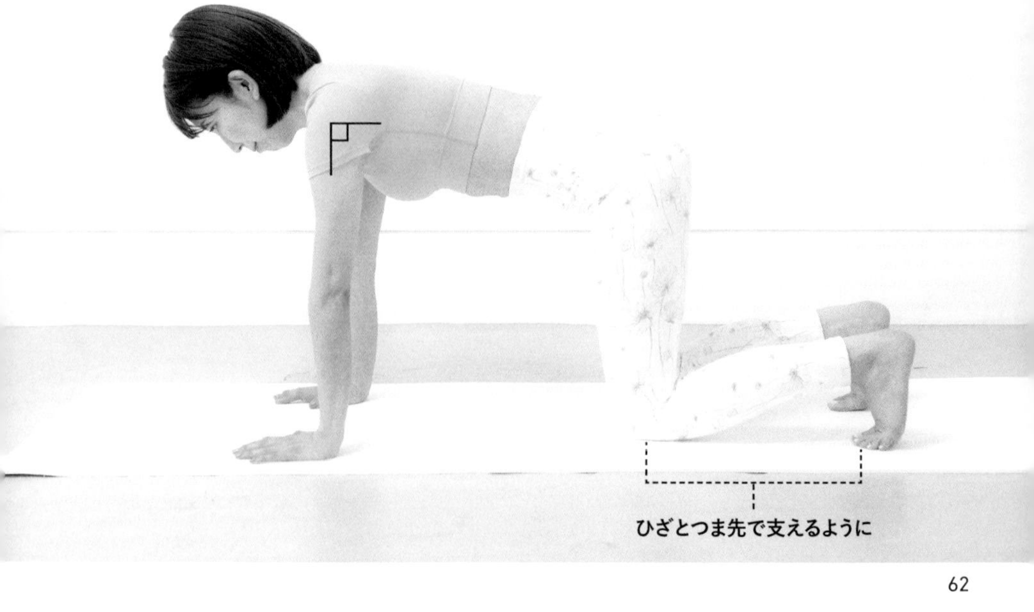
ひざとつま先で支えるように

Point

背中にボールを乗せているイメージで、落とさないよう床と平行に

1 2 を 2回 繰り返す

2

両ひざを2㎝ほど浮かせて、
そのまま30秒間キープしたら
1の体勢に戻る。背中を丸めず、
腹筋を使って持ち上げるように意識して。

2㎝浮かすことができたら
1㎝にチャレンジ！

お腹くびれエクササイズ

Day 5 ②

腕と足裏を伸ばしながら体幹を鍛える!

アップストレッチ

1

腕は肩幅に開いて、肩の真下に下ろす。
体を浮かせて、手のひらとつま先で支える。

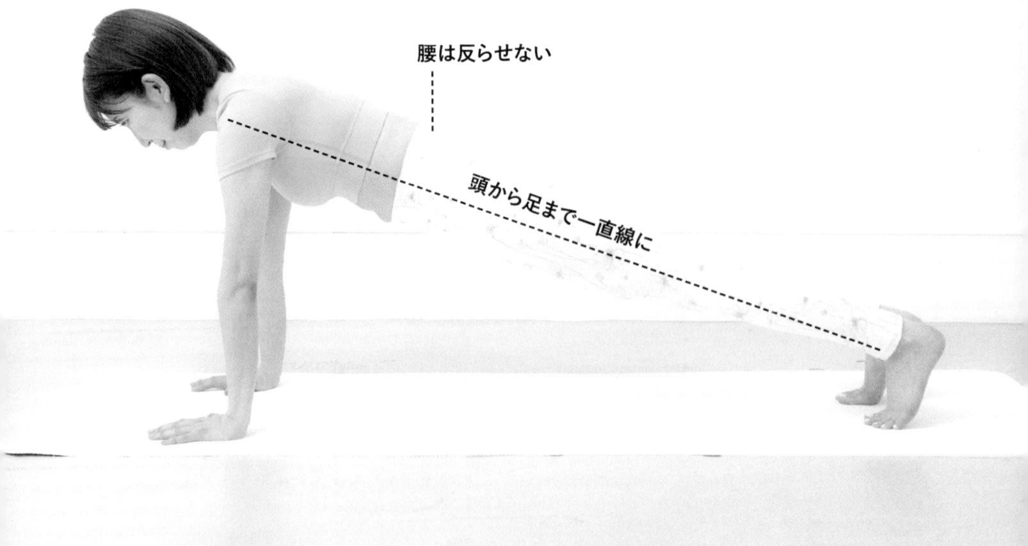
腰は反らせない
頭から足まで一直線に

Point

三角の山を作るときは
背中を丸めない!
2枚の板に挟まれるイメージ

2

1 2 を 60秒間 繰り返す

息を吸いながら頭を下げ、
お尻を上に持ち上げる。
床と三角形になったところで、
息を吐きながら1の体勢に戻る。

ひざは曲げずに
まっすぐキープ
かかとはできるだけ
床に近づける

お腹くびれエクササイズ

Day 6 ①

上体を支えることで、筋肉をまんべんなく刺激

ひざ曲げ サイドプランク

1

横になり両ひざはそろえて90°に曲げる。
下側の腕は肩の下あたりでひじをつく。
上側の腕は軽く体に沿わせる。

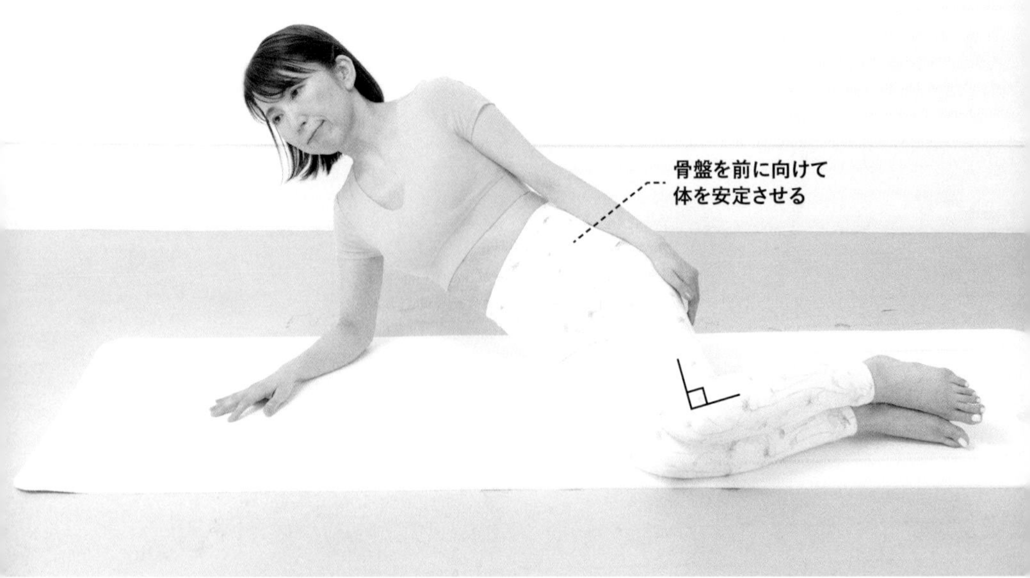
骨盤を前に向けて
体を安定させる

Point

体幹の筋肉を意識しながら頭からひざまでが一直線になるように

2

ひざとひじは床につけたまま、
息を吐きながら骨盤と腕を
天井側に上げて30秒間キープ。
息を吐きながら 1 の体勢に戻る。
反対の向きも同様に行う。

左右それぞれ **30** 秒間 行う

目線は前に
頭はなるべく背骨の延長線に来るように

お腹くびれエクササイズ

Day 6 ②

背骨を巻き伸ばしして、腹筋&背筋を鍛える

ロールアップ

1 足を前に伸ばして座り、
背中を軽く丸めて、
腕は肩幅に開いて
前に伸ばす。

2 息を吐きながら、
腕は前に伸ばしたまま、
腰椎の一番下から順に床につけて
体を後ろに倒していく。

Point

丸めた背中の骨を1つずつマットに下ろすイメージで勢いをつけずに倒れます

1～3を60秒間繰り返す

3

頭が床についたら、
腕も耳の横まで下ろす。一度息を吸い、
吐きながら、背骨を1つずつ
マットから剥がすイメージで、
ゆっくりと上体を起こして1の体勢に戻る。

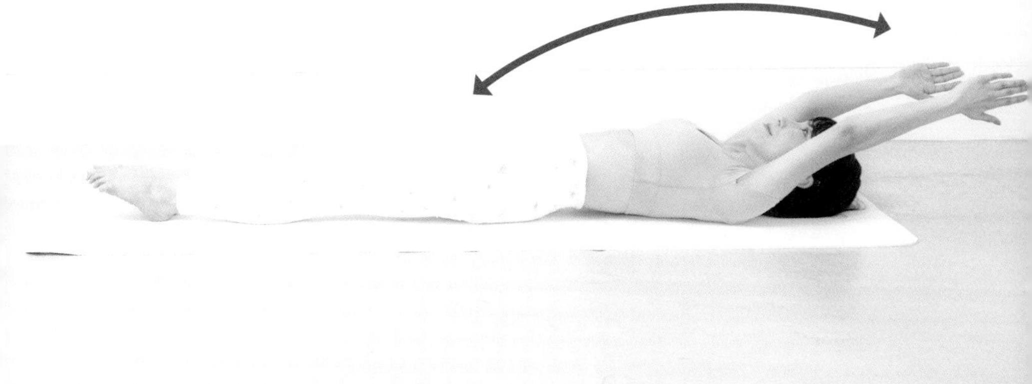

Beauty routine 2

「溜めない体」がキレイやせの基本 便秘改善には、これがおすすめ！

便秘でポッコリふくらんだお腹……。見た目も残念だし、腸内環境が悪くなると代謝も落ちて、やせにくくなるという、まさにダイエットの大敵です。かくいう私も、もともとはガンコな便秘体質。とくに旅行などで環境や生活リズムが変わると、お通じが滞ってしまうことがよくありました。

「溜めない体」でいるために、とくに大事にしているのが朝の時間です。

目覚めたらすぐに白湯を飲んで、胃腸をやさしく刺激しながら水分を補給。白湯で割ったコンブチャ（お茶を発酵させた酵素ドリンク）も、毎朝のルーティン。乳酸菌たっぷりで、腸内フローラのバランスを整えるのに役立ちますよ。

また、午前中はデトックスのためにエネルギーを使いたいので、固形物をとるのはフルーツのみにして、胃腸の負担を抑えます。

それからもう一つ。朝はなるべく余裕を持って過ごすように心がけています。焦って緊張すると、自律神経が乱れて、腸の働きまで鈍ることにつながるんです。

Chapter 3

見えるパーツを引き締めて
若見え効果をアップデート!

二の腕・下半身エクササイズ

1つの動きの中で、背中、二の腕、下半身を
まんべんなく使うエクササイズを選びました。
気になる部位がいっぺんに鍛えられるので、
時短にもなりますよ!

ふくらはぎの血流アップ！ むくみもオフ！

アップストレッチ ひざ曲げ伸ばし

1

腕を肩幅に開いて床に手をつき、
息を吸いながら頭を下げて
お尻を天井側に持ち上げる。
床と三角形のアップストレッチ
（P.64-65）の体勢になる。

背中を丸めない！
2枚の板に
挟まれているイメージで

Point

つま先はつけたまま足踏み。伸ばすほうの足はなるべくかかとまで床につけて

2

60秒間
繰り返す

1の体勢のまま、足踏みをする。
ひざを伸ばすのがキツい場合は、
軽く曲げたまま足踏みしてもOK。
背中はまっすぐをキープ。

頭は上げず、
自然な呼吸で

二の腕・下半身エクササイズ

Day 1

②

固まった肩〜背中の筋肉をほぐす

足踏み肩甲骨寄せ

1

軽く足を開いて立つ。
両腕をV字に伸ばして、
その場で足踏みをする。

骨盤を立たせた
ニュートラルな姿勢で

Point

肩甲骨を寄せるときは首をすくめないように!

2

足踏みしながら、
ひじを曲げて肩甲骨をグッと寄せる。
反り腰にならないように注意しながら、
1 2を繰り返す。

1 2
を
60秒間
繰り返す

Day 2

①

股関節周りの柔軟性をアップ!

カエル足
うつ伏せストレッチ

1

床にうつ伏せになり腕を前に伸ばし、
ひざを90°に曲げて股関節を開く。
息を吸いながら
お尻をプリンと突き出す。

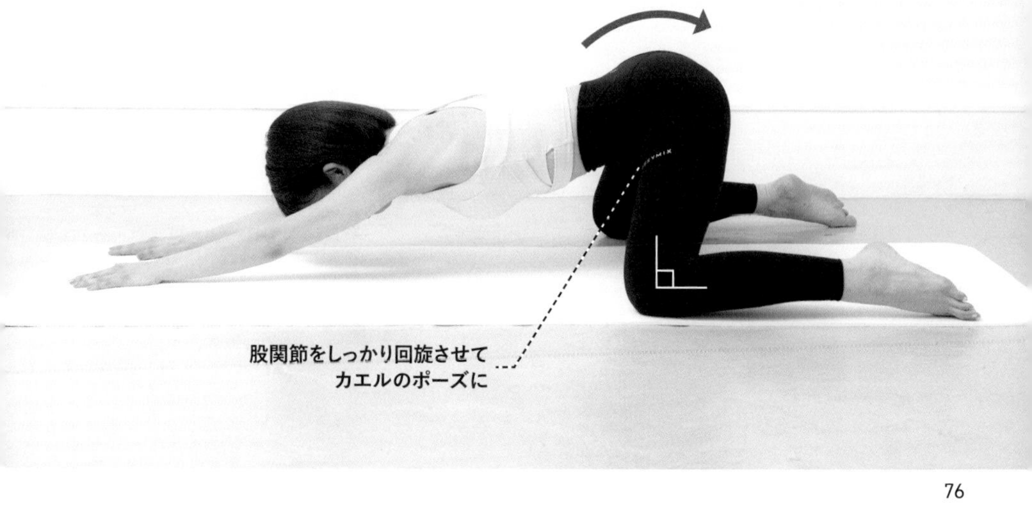
股関節をしっかり回旋させて
カエルのポーズに

Point

後ろに突き出したお尻を前に押し出すように尾骨から骨盤を後傾

1 2 を 60 秒間 繰り返す

2

息を吐きながら、
尾骨から順に背骨を巻いていくように、
背中を丸める。
再び息を吸いながら 1 の体勢に戻る。

腕と頭も徐々に
上げていく

体幹を鍛えながら、全身の血流を促進!

肩甲骨寄せ スイミング

1

うつ伏せになり、腕は前に伸ばす。
足も腰幅に開いて伸ばす。
腕と足を床から浮かせたまま、
足を上下にバタバタ動かす。
反り腰にならないよう、骨盤をやや後傾させて行う。

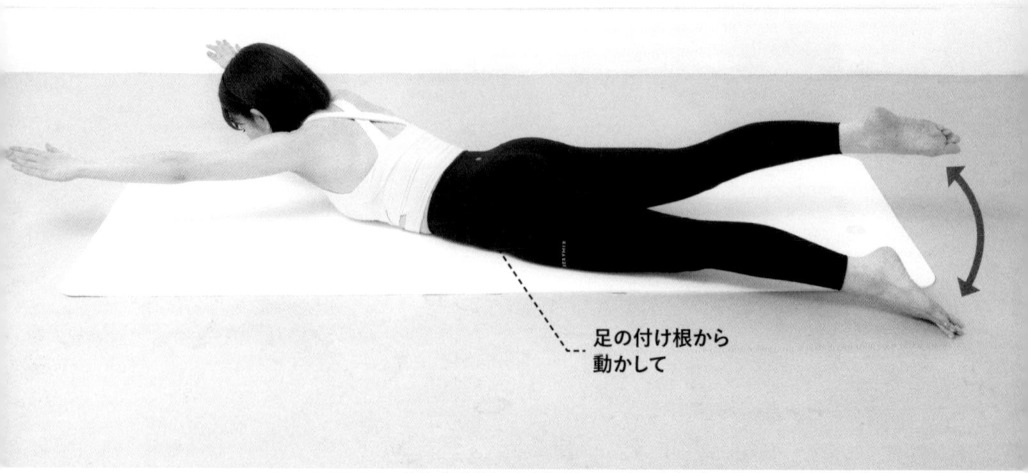
足の付け根から
動かして

Point

腕と足は連動しなくてもOK。つらいときは片足を床につけて

12を60秒間繰り返す

2

足をバタバタさせながら、
ひじを曲げて肩甲骨をグッと寄せる。
1、2を自分のリズムで繰り返す。

首をすくめず
呼吸は自然に！

Day 3

①

ひねりを加えて二の腕をシェイプ

腕キラキラ
スイミング

1

うつ伏せになり、足は腰幅に開いて伸ばし、
片足は床から浮かせる。
腕も体の横に沿わせて、床から少し浮かせる。
片足は常に床につかないよう、上下にバタバタ動かす。
反り腰にならないよう、骨盤をやや後傾させて行う。

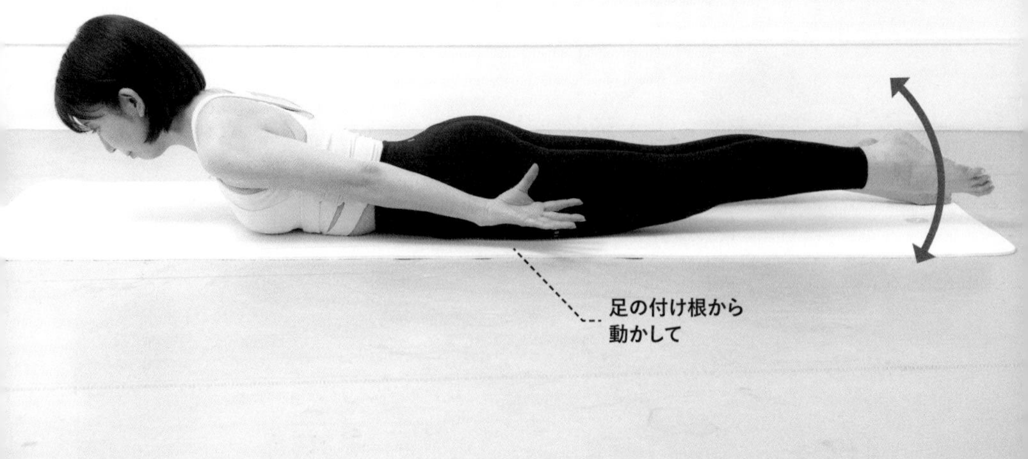
足の付け根から
動かして

Point

手の指を開き
手首ではなく腕の付け根から
キラキラとひねる

2 を **60** 秒間 繰り返す

2

**足をバタバタさせながら、
腕を付け根からひねる。
足と腕は連動しなくてもいいので、
自分のリズムで繰り返す。**

首をすくめず
呼吸は自然に！

二の腕・下半身エクササイズ

Day 3 ②

お尻を刺激して、引き締める!

サイドアップ ニーリング

1

ひざ立ちから体を右側に傾け、
右手を床につき、左腕は上に伸ばす。
右ひざは床につけたまま、
左足はまっすぐ伸ばす。

腕はなるべく
高く上げて
顔は
正面に向ける

Point

背骨はまっすぐに
肩と骨盤がグラつかないよう
しっかり安定させて

左右それぞれ
30秒間
行う

2

自然に呼吸しながら、
左足を付け根からゆっくり
上げ下げする。
反対側の足も同様に行う。

手のひらとひざの2点で体を支えて

Day 4

①

肩甲骨から動かして可動域を広げる!

腕上げ
クラムシェル

1

横になり両ひざはそろえて90°に曲げる。
下側の腕は伸ばして頭を乗せる。
上側の腕は軽く体に沿わせる。

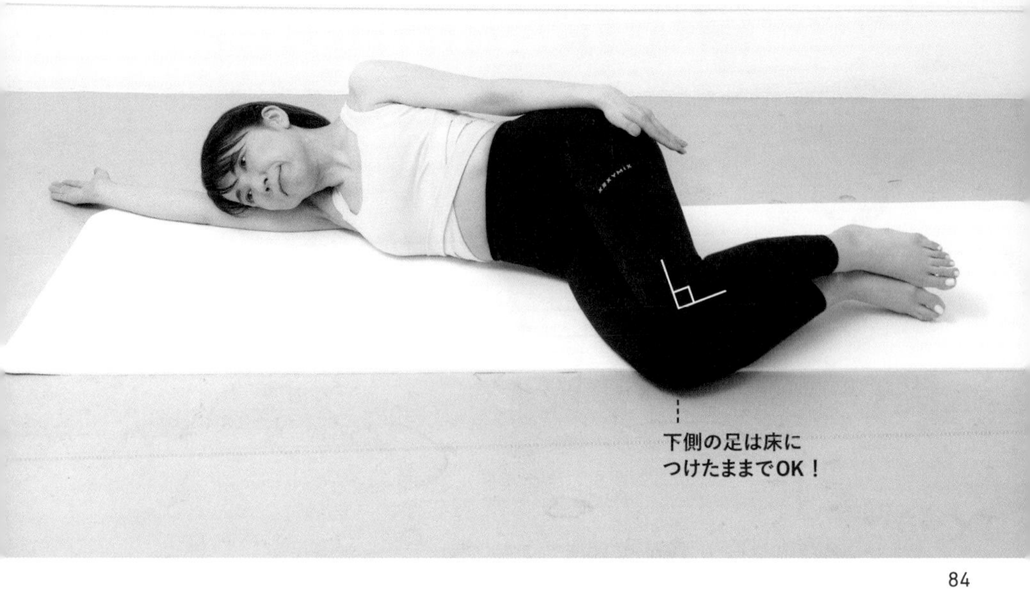
下側の足は床に
つけたままでOK！

Point

腕を上げ下げするときは肩甲骨から大きく動かして首をすくめないように!

左右それぞれ
30秒間
行う

2

両足裏をつけたまま内股を大きく開き、
腕は頭側に伸ばす。
再び内股を閉じて1の体勢に戻る。
自然に呼吸しながら、1 2を繰り返す。
反対の向きも同様に行う。

足を開閉するときは
お腹を凹ませるように意識

お尻の横の筋肉にアプローチ

足上げ
クラムシェル

1

横になり両ひざはそろえて90°に曲げ、
かかとを床から5～10㎝ほど浮かせる。
下側の腕は伸ばして頭を乗せる。
上側の腕は軽く体に沿わせる。

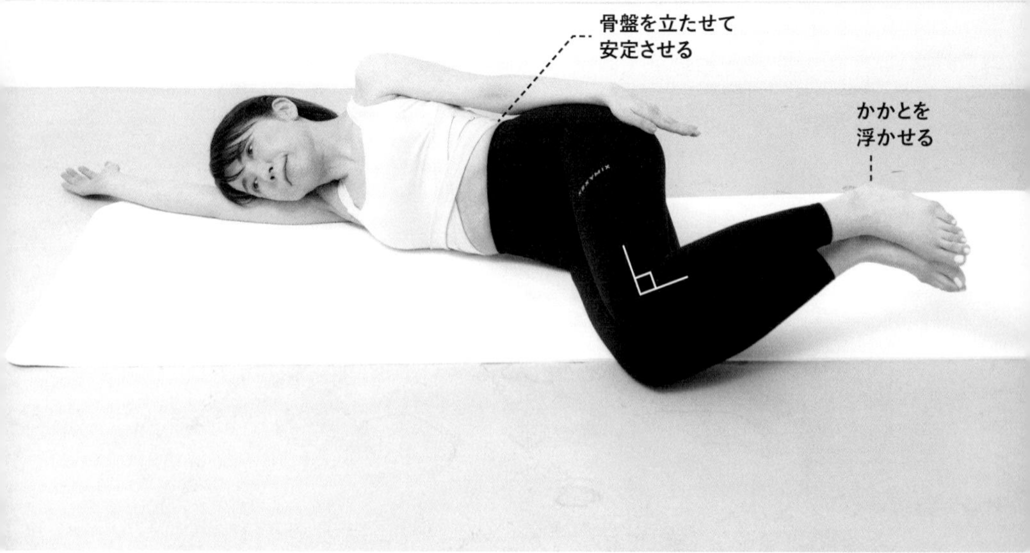
骨盤を立たせて
安定させる
かかとを
浮かせる

Point

かかとを浮かせたまま股関節から大きく回旋して内股を開く

左右それぞれ
30秒間
行う

2

かかとを浮かせたまま、両足裏をつけて
内股を大きく開き、腕は頭側に伸ばす。
再び内股を閉じて1の体勢に戻る。
自然に呼吸しながら、1 2を繰り返す。
反対の向きも同様に行う。

足を開閉するときは
お腹を凹ませるように意識

太ももの裏やふくらはぎをストレッチ

ダイナミック足上げ

1

肩幅に足を開いて立つ。
右手をまっすぐ上に伸ばす。

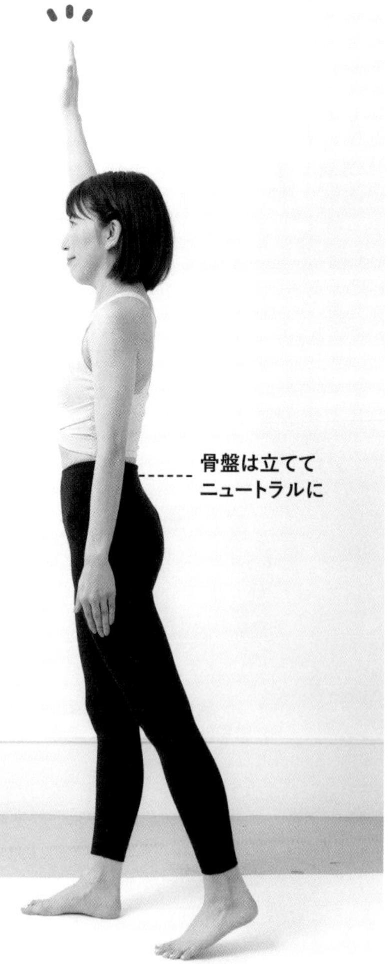
骨盤は立てて
ニュートラルに

Point

つま先を立てて
対角線上の腕と足をタッチ

2

左足を大きく前に上げて、
右手でつま先をタッチしたら足を下ろす。
次に右足を上げて
左手でつま先をタッチ。
左右交互に繰り返す。

目線は前へ
背中は丸めない

1 2
を左右交互に
60 秒間
繰り返す

股関節と肩甲骨の動きをスムーズに

肩甲骨回し足踏み

1

軽く足を開いて立つ。
腕を上げて手の先を肩に乗せ、
その場で足踏みをする。

骨盤を立たせた
ニュートラルな姿勢で

Point

脇を開いて肩甲骨から回す
肩を上げて首をすくめない

2

**足踏みをしながら、
手の先を肩に乗せたまま、
腕を後ろにグルグル回す。
呼吸は自然に行う。**

60 秒間
繰り返す

反り腰にならないよう注意
ひざはなるべく90°まで上げる

二の腕・下半身エクササイズ

Day 6

1

腕と足の筋肉を使って体を支える!

バックプランク

1

足を前に伸ばして座り、
上体が床と約60°になるように後ろに倒す。
手は後ろで床につく。

上半身は2枚の板に
挟まれているイメージで
約60°
足はこぶし幅に開く
腕は肩幅に開く

Point

骨盤はニュートラルのまま
肩からつま先までが
一直線になるように

1 2を
60秒間
繰り返す

2

息を吐きながら腰を上げて止め、
息を吸いながら、腰を下ろして1に戻る。

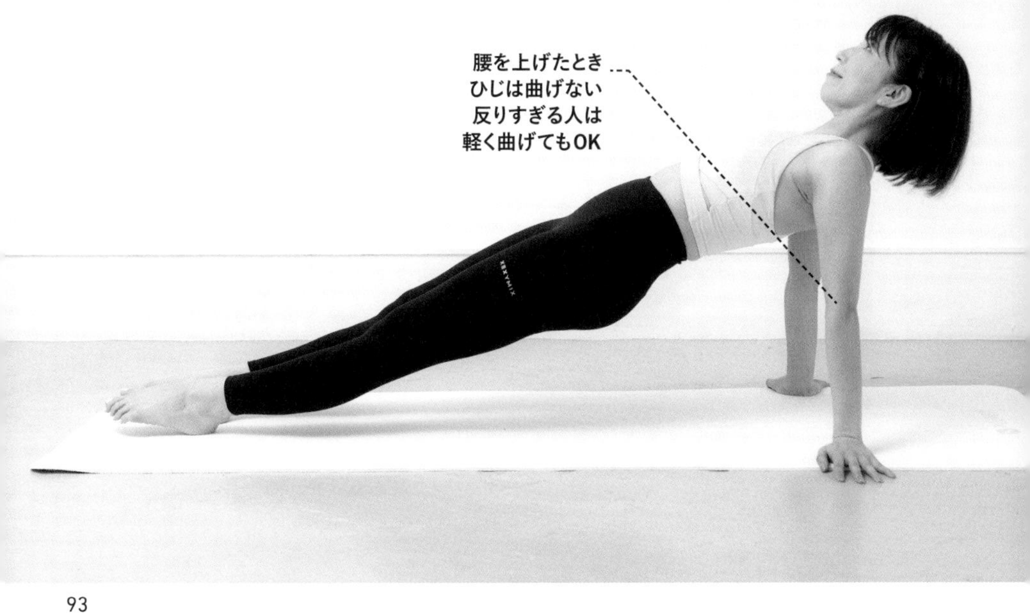
腰を上げたとき
ひじは曲げない
反りすぎる人は
軽く曲げてもOK

体幹を鍛えながら、肩周りをストレッチ

ヒップリフト キープバンザイ

1

仰向けになり、
ひざを立たせて足はこぶし幅に開く。
腕は体の横に沿わせる。
息を吐きながら、骨盤を後傾させて、
尾骨からゆっくりお尻を上げていく。

Point

背骨を1つ1つ
床から剥がしていくように
ゆっくりお尻を上げる

1 2 を
60 秒間
繰り返す

2

腕をバンザイするように上げる。
上がりきったところで一度息を吸い、
ゆっくり吐きながら、今度は胸椎から順に
腰を床に下ろして、1 の体勢に戻る。

肩・腰・ひざまで一直線になるように

Beauty routine 3

ホルモンバランスの乱れが気になるお年頃 自律神経を整えて、ポジティブに過ごそう!

体調がホルモンに左右されることの多い女性にとって、避けては通れないのが更年期。症状には個人差も大きいようですが、なるべく元気に乗り切りたいものですね。ホルモンバランスの変化は、自律神経の働きにも影響します。そこで気を付けたいのは、体を冷やさず、運動習慣をつけ、良質な睡眠をとること。

私は、夏でもパジャマは長袖にして、カーディガンなど羽織れるものを常に携帯しています。ハードな運動をした後は、自律神経の切り替えがスムーズになるように、ストレッチなどで体をクールダウン。また、朝起きたら必ず太陽の光を浴びるように心がけています。

あとは、なるべく生活のリズムを崩さないようにして、無理しない、我慢しない、楽しむ習慣をつけましょう。私は、好きなアーティストのＹｏｕＴｕｂｅや韓流ドラマを観て、リフレッシュしています。疲れると体がだるくなることもあるので、そんなときはとことん休む！　周囲の人にも甘えるようにしています。

Chapter 4

“なんとなく調子が悪い”は
健康やせの敵！
体を整えて、気持ちもポジティブに！

不調撃退 エクササイズ

座ったまま行えるメニューが多いので、
テレビを観ながらなど“ながら”エクサ習慣に
しやすいのがポイント！　短時間でも続けることで、
不調の改善につながります。

肩＆首こりスッキリ ①

胸椎ストレッチ

ひざとひざの間は、
こぶし1個分くらい開く

1

骨盤を立たせたニュートラルな状態で
ひざ立ちになり、
腕は体の後ろで自然に組む。

1 2
を
60 秒間
繰り返す

胸の後ろの背骨を伸ばしながら、
反り腰にならないように、
腕を伸ばす

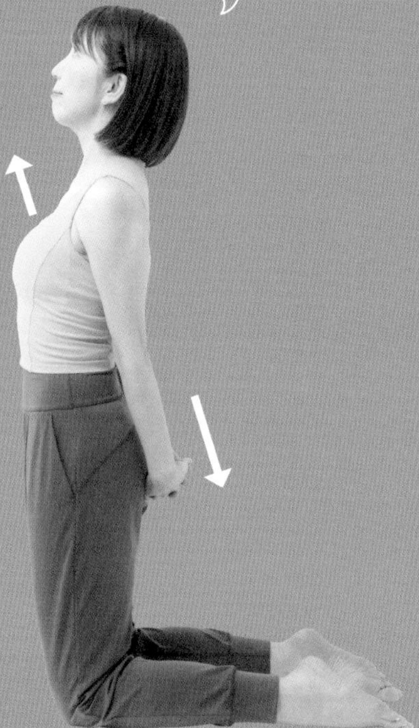

2

息を吸いながら、
胸を天井に向けるようにして、腕を下に伸ばす。
息を吐いてから、1 の体勢に戻る。

肩＆首こりスッキリ ②

腕キラキラ

骨盤は立たせたニュートラルな状態。
手首ではなく、
肩から回してキラキラポーズ

1

あぐらを組んで座り、
腕を前に伸ばして肩の高さまで上げる。
手の指を開き、腕の付け根から左右にねじる。
あぐらができない人は、
立ったり椅子に座ったりして行ってもOK！

2

**腕をねじりながら、
少しずつ真横に開いて、
肩の高さでキープ。
呼吸は自然に行って。**

腕を上げると
肩に痛みが出る場合は、
無理のない高さで止める

1〜3
を
60秒間
繰り返す

3

**2ができた人は、
さらにキラキラねじりながら、
天井に向けて腕をゆっくり上げていく。
バンザイのポーズまで上げられたら、
ねじりながら2→1と戻る。**

冷え・むくみ撃退 ①

ランジストレッチ

骨盤を後傾しながら、
左ひざを伸ばして

1

右ひざを立て、左足を後ろに伸ばす。
ひざはまっすぐ立てて、
かかとの真上にひざが来るように。
腕は下に伸ばす。

1 2
を
60秒間
繰り返す

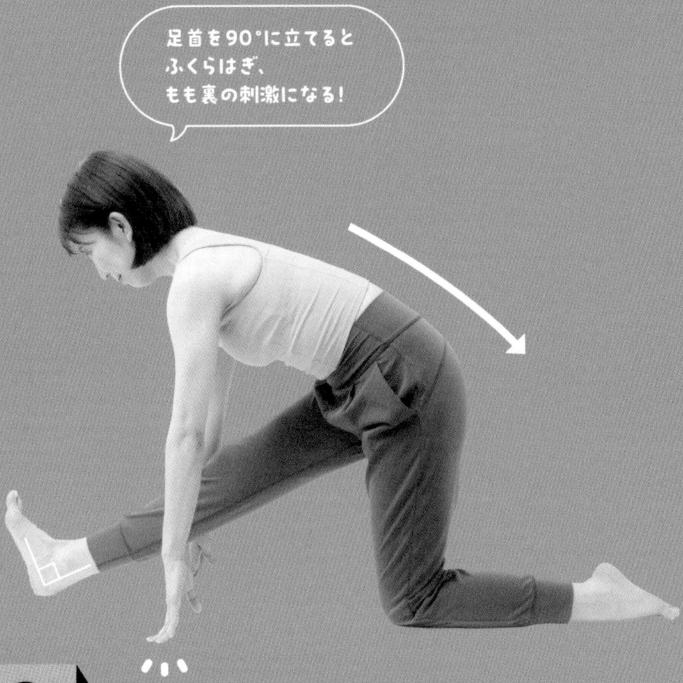
足首を90°に立てると
ふくらはぎ、
もも裏の刺激になる！

2

息を吐きながら、お尻を後ろに突き出し、
右ひざを伸ばす。手は床につく。
一度息を吸ってから、1の体勢に戻る。

冷え・むくみ撃退 ②

壁立ちバンザイ

腕も壁につけて、
手のひらは正面に向ける

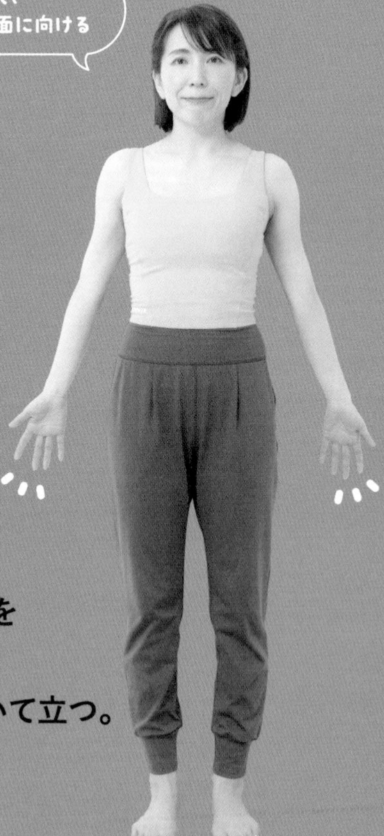

1

頭、背中、お尻、腕を
壁につけて
足はこぶし幅に開いて立つ。

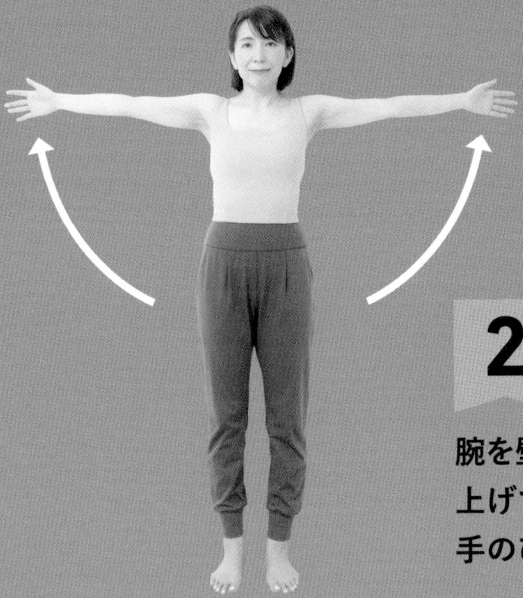

2

腕を壁に沿わせながら、
上げていく。
手のひらは正面にむけたまま。

腕を上げると
肩に痛みが出る場合は、
無理のない高さで止める

3

バンザイの位置まで腕を上げたら、
そのまま壁に沿わせながら下ろして、
1 の体勢に戻る。

1 ～ 3
を
60 秒間
繰り返す

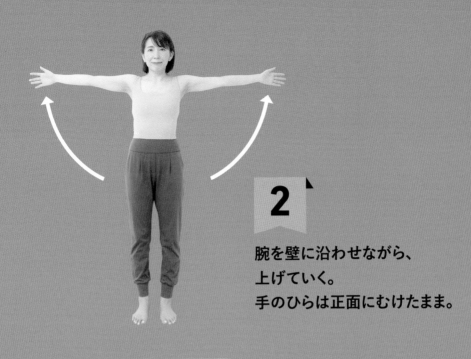

不調撃退エクササイズ

骨盤周りを整える ①

ひざ曲げオープン

腕は肩幅より少し広く開く。
お腹と背中はまっすぐをキープ
約60°

1

足はこぶし幅に開いて前に伸ばして座り、
上体が床と約60°になるように後ろに倒す。
手は後ろで床につく。

2

息を吸いながら、
左足のひざを曲げて引き寄せる。

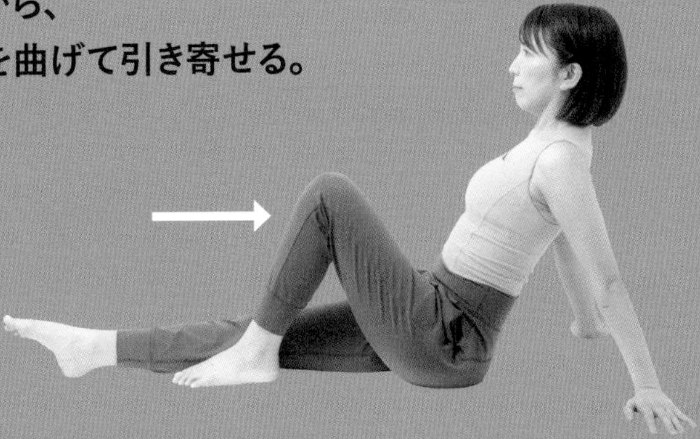

3

息を吐きながら左のひざを開いて、
パタンと床に倒す。2 → 1 と戻って、左右行う。

左右交互に
60 秒間
繰り返す

左右の足を交互に行うことで、
骨盤の位置を調整

不調撃退エクササイズ

骨盤周りを整える ②

シッティング骨盤前後倒し

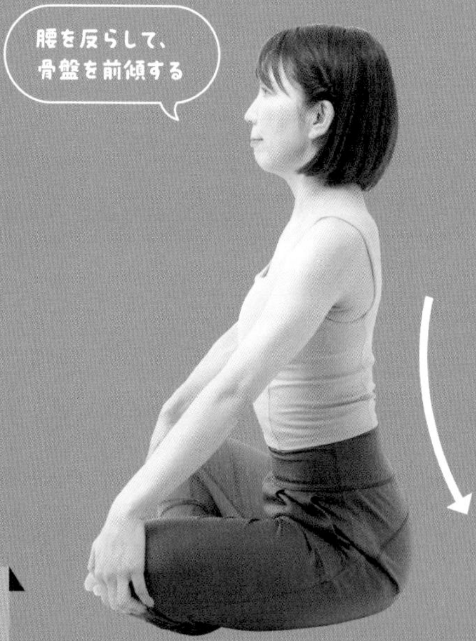
腰を反らして、
骨盤を前傾する

1

左右の足のかかとと恥骨が一直線になるように
あぐらのように座り、手はひざに置く。
息を吸いながら、骨盤は前傾。
立ったり椅子に座ったりして行ってもOK！

1 2
を
60秒間
繰り返す

背骨を下から一つずつ動かして、
丸めていく。
骨盤の筋肉を使いながら、
位置のずれを調整

2

息を吐きながら、尾骨から骨盤を後傾し、
背中を丸める。
次に息を吸いながら骨盤を前傾して、
1 の体勢に戻る。

Epilogue

昨日よりキレイ！
変わっていく
自分を体感して

この本を手に取っていただき、ありがとうございます。今回は、背中にアプローチする42種類のエクササイズをご紹介しました。ピラティスのポーズをベースにアレンジを加えた動きも、たくさん入っています。どれも実際に行ってみることで、鍛えたいパーツが意識できるようになり、回数を重ねるほどムダな動きが少なくなってくると思いますよ。

自分に合った体の動かし方が分かってくれば、効率よく筋肉を使えるようになります。そうすると、体が引き締まってラインが変わっていきますし、代謝も上がってやせやすい体に。キレイになっていく自分を体感することで、さらに楽しくエクササイズに取り組める、そんな好循環をめざしましょう！もちろん、気分が乗らないとき、今日は疲れたっていうときは、休んだっていいんです。

できないことではなく、できたことに目を向けて、がんばっている自分へのご褒美も欠かさないでくださいね！

著者　もりもと さちこ

産後19kg（人生のMAX体重から26kg）の減量に成功した2児の母。
高校生からダイエットを鬼のように繰り返す万年ダイエッターを卒業し、
現在はピラティストレーナー（BASI pilatesライセンス取得）、バランスボールインストラクター、日本ホリスティックダイエット協会ダイエットコーチとして、アラフォーからでも楽しく無理なくできる「美体感やせルーティン」を発信する。

YouTube　**@ch-morimotofit-7320**
Instagram　**@sacchin_morimoto**
Blog　**https://ameblo.jp/sachi82012/**
「ダイエットから解放されよう　美体感ダイエット」

努力《どりょく》も我慢《がまん》も必要《ひつよう》なし！
背中《せなか》が動《うご》く体《からだ》になれば勝手《かって》にやせる！

美体感《びたいかん》やせルーティン

2023年6月21日　初版発行

著者／もりもと さちこ
発行者／山下直久
発行／株式会社KADOKAWA
〒102-8177 東京都千代田区富士見2-13-3
電話0570-002-301（ナビダイヤル）
印刷所／凸版印刷株式会社
製本所／凸版印刷株式会社

●お問い合わせ
https://www.kadokawa.co.jp/（「お問い合わせ」へお進みください）
※内容によっては、お答えできない場合があります。
※サポートは日本国内のみとさせていただきます。
※Japanese text only

定価はカバーに表示してあります。

ISBN 978-4-04-606372-4 C0077